ELIANE DE ALMEIDA

inteligência curativa

Os 6 passos para resgatar o amor-próprio,
encontrar a felicidade e
construir a vida que você deseja

CARO LEITOR,

Queremos saber sua opinião sobre nossos livros.
Após a leitura, curta-nos no facebook/editoragentebr,
siga-nos no Twitter @EditoraGente
e no Instagram @editoragente
e visite-nos no site www.editoragente.com.br.
Cadastre-se e contribua com sugestões, críticas ou elogios.
Boa leitura!

NOTA DO PUBLISHER

QUE DESAFIO É CONTARMOS NOSSA PRÓPRIA HISTÓRIA! **Ainda que desejemos que seja uma história feliz e repleta de coisas boas, nem sempre o caminho segue como esperado. E aí é fácil perdermos o rumo, sentirmo-nos abandonados, sem ter por onde seguir.

Mas se você chegou até este livro, asseguro-lhe de que nas próximas páginas encontrará o que precisa para retomar o seu caminho principal e escrever – ou reescrever – uma belíssima história de vida.

Encontrar a Eliane de Almeida, psicóloga com mais de quarenta anos de atuação e AUTORIDADE na área, foi um grande presente e fico muito feliz em ver esta obra tão importante chegando a você, leitor. O método que encontrará a seguir com certeza o inspirará para uma transformação definitiva em sua vida.

Rosely Boschini – CEO e publisher da Editora Gente

Diretora
Rosely Boschini

Gerente Editorial
Carolina Rocha

Assistente Editorial
Rafaella Carrilho

Controle de Produção
Fábio Esteves

Projeto Gráfico e Diagramação
Thiago Barros

Capa
Vanessa Lima

Coordenação de Conteúdo
André Argolo

Edição de texto
Luciana Figueiredo

Preparação
Mariane de Mello Genaro

Revisão
Amanda Oliveira

Impressão
Gráfica Rettec

Copyright © 2020 by Eliane de Almeida
Todos os direitos desta edição são reservados à Editora Gente.
Rua Original, nº 141 / 143 - Sumarezinho, São Paulo - SP, CEP 05435-050
Telefone: (11) 3670-2500
Site: www.editoragente.com.br
E-mail: gente@editoragente.com.br

Dados Internacionais de Catalogação na Publicação (CIP)
Angélica Ilacqua CRB-8/7057

Almeida, Eliane de
  Inteligência curativa: os 6 passos para resgatar o amor-próprio, encontrar a felicidade e construir a vida que você deseja / Eliane de Almeida. -- São Paulo: Autoridade, 2020.
  192 p.

ISBN 978-65-88523-00-1

1. Desenvolvimento pessoal 2. Autoconhecimento 3. Autoestima 4. Felicidade I. Título

20-2935
CDD 158.1

Índice para catálogo sistemático
1. Desenvolvimento pessoal

Dedicatória

Dedico esta obra às minhas filhas

Cristiane (*in memoriam*)
Viviane
Karine
Elena Raquel

E aos meus netos

Gabriela
Eduardo
Guilherme (*in memoriam*)
Alice
Vicente

Luzes da minha alma!

NOTA DA AUTORA

Caro leitor, este livro contém relatos de histórias reais que acompanhei e facilitei em consultório. Agradeço imensamente e com profunda gratidão aos meus clientes que aceitaram compartilhar o próprio processo de cura.

Espero que estas histórias inspirem você em sua jornada. Mas quero lembrá-lo que o conhecimento a seguir **não** exclui a importância do acompanhamento clínico especializado.

AGRADECIMENTOS

Nenhuma pessoa é uma ilha. Nossa irmandade ilumina nossos caminhos e acrescenta brilho ao nosso trabalho.

Por essa força do pertencimento, minha gratidão eterna para todos aqueles que tive a honra e o privilégio de acompanhar em suas jornadas evolutivas. Escolhendo o Grupo do Calango como símbolo desse todo, honro os Grupos de Psicoterapia que realizei de 1976 a 2020. Honro a todos que estiveram comigo no ambulatório e na enfermaria da Psicologia da Unidade Integrada de Saúde Mental do Hospital das Forças Armadas (UISM-HFA) e em minha clínica particular.

Especial agradecimento ao meu companheiro Sérgio Andrés Neira, por sua disponibilidade diária e reforço. À minha imprescindível amiga e companheira de jornada nesses últimos anos, Dra. Jacira Beltrão. À minha querida amiga, alma gêmea profissional e intelectual, psicóloga Regina Mascarenhas. À minha chefe substituta na Psicologia da UISM-HFA e amiga psicóloga Carmelita Campelo. À minha rede diária de suporte pessoal, d. Ana e amigos próximos. Ao meu irmão, João de Almeida, por sua presença carinhosa e constante em minha vida. Aos meus pais (*in memoriam*), pelo dom da vida e por tudo que doaram.

Gratidão à musa inspiradora, Rita Yoshimine, que abraça Brasília todos os dias com seu coração generoso.

Especial agradecimento e profunda gratidão à fantástica equipe da Editora Gente, por intermédio da incrível Rosely Boschini e da preciosa Carolina Rocha.

Acredito num princípio de sincronicidade como uma força integrativa, que rege uma ciranda evolutiva, da qual todos fazemos parte. Um fenômeno que, para quem deseja ver, estará sempre presente em sua jornada de vida.

SUMÁRIO

13   PREFÁCIO

17   INTRODUÇÃO

26   CAPÍTULO 01
         O que acontece quando você se desvia
         do caminho principal de sua história de vida

36   CAPÍTULO 02
         Pare de construir mitos e fugas
         e comece sua reconexão consigo

48   CAPÍTULO 03
         Uma ausência no caminho
         principal da própria história de vida

60   CAPÍTULO 04
         Você é sua mente. Sua mente
         é uma fórmula psíquica

74   CAPÍTULO 05
         FÓRMULA PSÍQUICA – TEMA I
         Os nãos que a vida lhe impôs

90   CAPÍTULO 06
         FÓRMULA PSÍQUICA – TEMA II
         Suas defesas de autoproteção e sobrevivência

102 CAPÍTULO 07
FÓRMULA PSÍQUICA - TEMA III
OS COMPORTAMENTOS QUE VOCÊ NÃO
CONSEGUE DEIXAR DE REPETIR

114 CAPÍTULO 08
FÓRMULA PSÍQUICA - TEMA IV
OS PAPÉIS BÁSICOS QUE VOCÊ DESEMPENHA

128 CAPÍTULO 09
FÓRMULA PSÍQUICA - TEMA V
AS DECISÕES QUE DETERMINARAM
SUA HISTÓRIA DE VIDA

146 CAPÍTULO 10
FÓRMULA PSÍQUICA - TEMA VI
OS PRINCIPAIS SINTOMAS QUE VOCÊ DESENVOLVEU

170 CAPÍTULO 11
REESCREVENDO SUA VERDADEIRA HISTÓRIA DE VIDA:
A CURA EM 5Rs

180 CAPÍTULO 12
APRENDENDO A SER FELIZ

188 REFERÊNCIAS

Prefácio

Quando ouvimos uma história – uma boa história – tudo nos prende a atenção. Desde os personagens (protagonistas e antagonistas), o cenário que nossa mente cria e todas as reviravoltas, sejam elas angustiantes ou excitantes, até a atmosfera na qual o enredo se desenrola. E assim, imersos numa sucessão de acontecimentos, é fácil nos esquecermos de que aquele que narra conta tudo a partir de sua perspectiva somente.

O narrador conta uma história sob seu ponto de vista. Ele escolhe o que revelar e o que esconder do leitor. György Lukács, filósofo húngaro, coloca que "...o autor, na sua onisciência, conhece o significado especial de cada particularidade, por menor que seja, sua ligação à solução definitiva [...] e só lhe interessam as particularidades que podem servir para a realização da trama e para o desdobramento da ação no sentido de suas conclusões finais*".

Então, considerando que atuamos como autores de nossa própria história, não cabe a nós mesmos escolher o que queremos contar? E, ainda, se a conclusão que esperamos é a nossa felicidade por que damos importância aos acontecimentos que não nos levarão a ela?

Como o narrador que Lukács define, devemos permitir que faça parte de nossa História de Vida os acontecimentos essenciais – aqueles que nos manterão no caminho de uma existência plena e feliz. Caso contrário, será uma trama repleta de passagens superficiais e dispensáveis.

---

* LUKÁCS, G. **Ensaios sobre literatura** Rio de Janeiro: Editora Civilização Brasileira, 1965. p. 63.

No entanto, escrever nem sempre é uma tarefa fácil! Ainda mais quando o que precisamos é reescrever. Um narrador teimoso e insistente dificilmente desapegará daquilo que já não lhe serve – quanto mais começar do zero. Acontece que, às vezes, é justamente do que precisamos. Reescrever. Recomeçar.

E a sua história somente você pode contar porque cada trajetória é única: é o que diz Eliane. Essa experiente psicóloga, em mais de quarenta anos de atendimentos clínicos, palestras e imersões, desenvolveu os conceitos da Fórmula Psíquica e da Inteligência Curativa para ajudar você, leitor, a se reconectar consigo e encontrar o caminho certo de sua vida. Assim como eu, Eliane acredita que a reconexão com o interior e o autoconhecimento são as chaves para uma mudança efetiva.

A busca pela reconexão proposta por ela passa por três fases: liberar a dor – ressignificando seus traumas –, abraçar a aceitação – reconhecendo e atualizando os fatos vividos em sua própria história – e solucionar e prosseguir – libertando e utilizando suas diversas inteligências a seu favor. Por meio da Fórmula Psíquica, a intenção de Eliane é que você descubra seus pontos de bloqueios mentais e solucione os problemas com eficiência, curando, assim, as dores até então presentes na sua História de Vida.

São seis temas que compõem o método desenvolvido pela psicóloga: os "nãos" impostos pela vida, as defesas de autoproteção, os comportamentos repetitivos, os papéis que você desempenha, as decisões que determinaram sua História de Vida e os sintomas que você desenvolveu. Partindo da Fórmula Psíquica, você alcançará sua Inteligência Curativa, poderosa ferramenta para solucionar os problemas e promover sua cura mental e física.

Esse processo de libertação e cura exigirá entrega, comprometimento e, acima de tudo, autoconhecimento. É somente quando olhamos para dentro que conseguimos mudar nossa forma de encarar a vida.

Aqui, neste livro, Eliane mostra ao leitor um processo único de reconexão, releitura, ressignificação, redecisão e reescrita – os 5Rs –, capaz de causar uma verdadeira revolução pessoal e assegurar que você encontre o caminho principal de sua trajetória

Pegue lápis e papel e reescreva sua verdadeira História de Vida da maneira como sempre desejou! Você, e somente você, é o autor dela.

Um abraço,
Eduardo Shinyashiki

INTRODUÇÃO

Imagine que este livro o escuta. Essa é a única mágica que proponho aqui: um livro que escuta, uma escritora que pode conversar com você. Aquela conversa secreta, que só seu travesseiro conhece. Sim, estou ouvindo atentamente sobre seu enorme cansaço, esse esgotamento que não vai nunca embora, dia após dia, noites mal dormidas; o aperto no peito, na garganta, sufocando até a alma; o estranhamento quando vê sua própria imagem; esse sentimento de que você está no lugar errado, onde quer que esteja; a dor da solidão que mais parece um fio de navalha percorrendo a pele; esse vazio e esse desamparo que produzem um frio na espinha; algumas decisões das quais se arrependeu depois, sofrendo agora com as consequências; a dor de elaborar um luto; esse número incontável de perguntas sem pista nenhuma para chegar às respostas; a sensação de que o caminho simplesmente não segue para lugar nenhum, embora você precise seguir caminhando. Para onde, meu Deus?

Em momentos cruciais de sua vida, você pode ter escutado frases como estas:

"Você fez apenas sua obrigação."
"Foi para isso que criamos você."
"Você nasceu para isso mesmo."
"Não reclame. Tudo foi você mesmo quem quis."
"Você não daria conta mesmo."
"O destino quis assim."
"Deus quis assim."
"É o seu carma."
"Não se deve contrariar o destino."

Tanta gente vive situações parecidas, mas a verdade é que cada trajetória é única. Sua história, esta que você está por me contar, é só sua, por mais semelhanças que existam em um ponto ou outro com as de amigos e amigas, de familiares ou dos casos que vou compartilhar nesta nossa conversa. Quando falar comigo por meio deste livro, você vai estar conversando consigo. O livro que o escuta é também você, um espelho muito atento, que pode surpreender ao revelar quem você é hoje. Eis a mágica. O resto é trabalho, e um trabalho que todos nós podemos cumprir.

Se você está nesse lugar desconfortável que acabei de descrever, com certeza também está em busca de mudança, de uma revolução na vida. Você deseja ter Poder Pessoal, ser feliz e saudável. Chamo isso de RECO-NEXÃO, porque tudo o que anseia já está dentro de você. Tão perto e tão longe, não é? Mas é assim. O simples fato de desejar já é uma ponte para promover mudanças comportamentais e emocionais. Se no modo de vida atual não está bom, acredito que a reconexão com você mesmo é a única saída para ativar uma revolução pessoal.

> É de tomar nas mãos a escrita de sua própria História de Vida que estamos tratando.

Então você me diz: "Mas eu não controlo minha vida, não decido tudo! Que poder eu tenho de promover alguma mudança?". E eu respondo: "Ah, tem sim". Esse é meu argumento principal. E ofereço um método construído em mais de quatro décadas de dedicação à Psicologia, somando milhares de atendimentos sem nunca ter parado de estudar caminhos para ajudar pessoas que confiaram em mim para a solução de suas angústias. Por isso, garanto que já existe no seu interior o que mais você precisa para retomar esse poder, interferir e criar o roteiro que leva ao equilíbrio.

O processo tem a ver com escrever, mas também apagar, riscar, reescrever. Estou querendo dizer que há conflitos internos que não estão escritos com caneta permanente. Você não é um refém de uma programação genética, do seu DNA, nem de um "destino" completamente definido e que deve ser simplesmente aceito e cumprido. Você pode definir seus rumos e a história que deseja construir. Sim, a autoria é sua! O protagonismo é seu! Não vou cansar de repetir essas verdades aqui.

"Mas quem é que tirou de minhas mãos a escrita da minha própria vida?", você pode estar se perguntando. Ah, é isso que proponho investigarmos. Como disse, tenho um método e também a prática em acompanhar pessoas nesse caminho, iluminando-as, construindo consciência. Não faço o trabalho por você: vamos fazer juntos.

MUDAR: DO COMPORTAMENTO AO DNA

Não posso adivinhar sua idade, mas sei, por experiência própria e por estudos científicos como os da antropóloga brasileira Mirian Goldenberg ou dos economistas David Blanchflower e Andrew J. Oswald, que há um tempo crítico comum a muitas pessoas, entre os 40 e os 55 anos. Esses pesquisadores nos dizem que existe uma curva da felicidade em forma de U, como se a felicidade estivesse nas pontas de cima. Nos primeiros anos de nossa vida, estamos lá no alto. Aí, despencamos! Isso ocorre entre os 42 e os 47 anos na maioria das culturas no mundo contemporâneo. Geralmente, começamos a sair desse fundo a partir dos 55 anos. É uma infelicidade, que se revela por sintomas como desamparo, luto, estresse, pânico, insônia, depressão até. Por que será que o cenário se repete em pessoas dessa faixa etária, mesmo quando se trata de diferentes trajetórias de vida? Precisa mesmo ser assim? Não podemos nos antecipar e evitar isso? Acredito e garanto a você que sim, podemos.

Vamos encontrar os pontos em que seus rumos foram ditados, em que o poder foi tomado de suas mãos, em que suas pernas passaram a seguir um caminho que não era o mais desejado. Retomada, reconexão – sei bem que não é fácil. Por isso, muitas vezes, optamos por jogar no baú do inconsciente tudo aquilo de que não gostamos, que não soubemos lidar. Até para esquecer que um dia vivemos aquelas experiências tão doloridas e tristes.

Este livro é um convite para empreender uma jornada interior de releitura, ressignificação e cura da sua História de Vida. Vou mostrar que é possível fazer essa jornada para dentro de si, interferindo na sua curva da felicidade, minimizando suas dores, antecipando temporalmente sua felicidade e até mesmo desligando os causadores de doenças programadas em seu genoma.

O que é preciso para que tudo isso aconteça?

Identificar e se libertar dos laços sufocantes da mente. E, nessa conversa, você vai aprender como conhecer melhor sua mente para, a partir daí, dominá-la. Lembrando que sua mente é você e você é sua mente. Como é possível, então, seguir desconhecendo uma parte tão importante e que determina toda sua vida?

> Quando falo em "laços sufocantes", saiba que me refiro a vivências que mudaram seus rumos para onde, no seu íntimo, você não queria ir.

Vou mostrar caminhos para que você encontre esses laços sufocantes na sua mente. E para que os desfaça, um por um. Para isso, temos que seguir o rastro dos sintomas e dos comportamentos que são as consequências desses nós.

Nesses mais de quarenta anos dedicados à profissão que amo, algumas das pessoas cujas jornadas facilitei me autorizaram a compartilhar suas histórias para que servissem de exemplo e suporte para você. Por respeito e proteção, não usei seus verdadeiros nomes. O que importa é que são trajetórias autênticas e que ajudarão a abrir portas para seu próprio caminho de revolução.

A Yasmin é uma das que compartilham tanto suas dores quanto a própria Jornada de Autoconhecimento. Meio avoada, buscava ser apenas sorrisos para os amigos, a garota-festa. Em determinado momento, descobriu que nada disso a preenchia de verdade. Outra que generosamente conta sua história é a Dany. Mulherão de 43 anos, dois cursos superiores, sucesso profissional, bons ganhos. Mora num desses apartamentos da moda nas grandes cidades: apertados, modernos – *lofts* com menos de 30 m² –, para quem mal para em casa. Mas esse seu estilo de vida não vinha fazendo sentido e pouco a ajudava a construir laços afetivos. Ela estava entristecida, querendo muito que tudo fosse diferente. Nesse ponto, o caso é parecido com o de Marli que, aos 44 anos, desconfiava de tudo e de todos, e tampouco conseguia se envolver em relacionamentos amorosos mais consistentes, como desejava em seu íntimo. A questão não tinha tanto a ver com o estilo de vida, mas com a repetição inconsciente do padrão de comportamento visto em sua mãe e sua avó, as mulheres fortes da família. Há ainda o Patrick, a Vivian, a Paige...

Em todos esses relatos e vivências, essas pessoas tiveram que enfim achar o que travava o desenvolvimento da própria vida e escurecia o caminho da felicidade. Enfrentaram o desafio de desatar os nós, seguindo os passos que vou ensinar você também a trilhar.

> O que é fundamental saber: esses exemplos revelam como os meios sociais, familiares, culturais e físicos exercem um poder determinante na construção da nossa História de Vida.

Somos seres relacionais, ou seja, nossa vida é pautada pelas relações sociais que estabelecemos dentro e fora de casa, e estamos maciçamente expostos a essas influências, sendo levados por elas. Sofremos, sim, o impacto adaptativo ao meio, que não favorece o encontro com nosso ser único e essencial. São distrações poderosas. Muitas vezes, sofremos com o que nos tornamos. Ou melhor, acabamos nos tornando o que os outros querem que sejamos.

Veja: existem linhas que interligam mente e corpo. Outras linhas que interligam o que fazemos, como fazemos e por que fazemos com nossos genes. Comportamento e biologia estão interligados o tempo todo. Compreender essas ligações é uma das chaves para sua transformação e revolução pessoal.

> *Para onde ir?*
> Em direção à felicidade tão almejada.
> *Como?*
> Aprendendo a ser feliz na própria caminhada.
> *E o que é mesmo felicidade?*
> Felicidade é o exercício do direito inato de sermos nós mesmos. É libertar seu Eu Interior e único de todas as suas amarras. Ser feliz é apaixonar-se por si mesmo e pela vida. É quebrar o ciclo de repetições de padrões sociais, familiares e culturais. É participar dessa corrente evolutiva da humanidade, que clama incessantemente por mais pessoas, energia, vitalidade, amor e força de transmutação e individuação.
> Ser feliz é estar nessa corrente evolutiva na qual a eterna procura de si mesmo se constitui numa grande aventura de vida inteira.

LIBERE SUA INTELIGÊNCIA CURATIVA: CONHEÇA A FÓRMULA PSÍQUICA

A revolução científica ao longo de todo o século passado, e também nesse movimentadíssimo começo de século XXI, mostra caminhos para você se afastar dos padrões que incomodam e para retomar o comando de si. As descobertas sobre o funcionamento do cérebro comprovam o poder da mente e reforçam a Psicologia. O que proponho aqui é o uso mais pleno possível do poder do seu pensamento: uma verdadeira jornada de autoconhecimento por meio dos conceitos que desenvolvi e que chamo de FÓRMULA PSÍQUICA e INTELIGÊNCIA CURATIVA.

A Fórmula Psíquica é composta por seis temas básicos:
1. Os nãos que a vida lhe impôs;
2. Suas defesas de autoproteção e sobrevivência;
3. Os comportamentos repetitivos;
4. Os papéis básicos que você desempenha na vida;
5. As decisões que determinaram sua História de Vida;
6. Os sintomas que você desenvolveu.

Se o desafio é reescrever a própria História de Vida, é isso o que você vai fazer enquanto conversamos: escrever. Peço que se empenhe nesse trabalho. Por favor, não diga coisas como "não sei escrever, não tenho talento." – são falácias que apenas nos impedem de nos expressar e construir reflexões. Afinal, pensamos com palavras, não? Ao longo dos capítulos, convido você a fazer um diário e recuperar vivências que vão localizar esses elementos dos temas básicos que compõem a Fórmula Psíquica. Assim, os laços sufocantes serão expostos, bem como os nós a serem desatados e a ponte para a Inteligência Curativa, a trilha que, além de alívio e felicidade, vai fazer você afastar as doenças armadas feito bombas em seu genoma, revertendo uma máquina de produzir dores em uma novinha, de cura mental e física.

Ao assumir essa postura – muito atual e simplesmente humana –, você resgata o respeito pela sua capacidade de ser autodeterminado e de realizar conquistas. Assuma a condução de sua vida e torne-se apto para reescrever sua verdadeira História de Vida. Esse processo tem a ver com autoria, que significa fazer escolhas conscientes e ganhar novas percepções observando seu protagonismo, ou seja, deixar de desempenhar os papéis que criaram para você e passar a expressar sua verdadeira e única essência.

Vou compartilhar, como tarefa maior de vida, aquilo em que mais acredito e que vai trazer sentido e força à sua existência. Só precisamos de disposição, confiança e de alguma luz para iluminar seu inconsciente. Nessa caminhada, garanto a iluminação da sua consciência. Então, vamos juntos transformar sua História de Vida?

Este livro é um convite para empreender uma jornada interior de releitura, ressignificação e cura da sua História de Vida

CAPÍTULO 01
O QUE ACONTECE QUANDO VOCÊ SE DESVIA DO CAMINHO PRINCIPAL DE SUA HISTÓRIA DE VIDA

A CAUSA DE TODAS AS SUAS CRISES E DORES É O FATO DE VOCÊ NÃO ser o autor da sua História de Vida. Você pode estar sendo levado por projetos que simplesmente não são seus. E, pior, pode não estar se dando conta disso, apesar dos sintomas de desconforto e das crises. Os desafios vão aparecendo e você vai vencendo um a um com esforço, mas esse processo se repete e gera um cansaço cada vez maior, tornando-se perigoso.

A história que vou contar agora pode assustar num primeiro momento, mas será de grande ajuda para desatar seus próprios laços sufocantes:

> Todos nós, dos 8 até os 14 anos, no máximo, somos desviados de nós mesmos para atender às expectativas do meio sobre quem deveremos nos tornar. E isso tem consequências.

Veja o que se passou com a Mércia, que tinha angústias nada óbvias nem fáceis de detectar e resolver. Aos 41 anos, tinha um emprego bom o suficiente para manter uma vida confortável para ela e a filha, mas não estava no patamar financeiro para o qual tinha capacidade. E, mesmo separada havia onze anos, seguia sozinha, ainda que desejasse estar com alguém. Por muito tempo, Mércia preferiu negar que tinha problemas, até que sofreu um ataque de ansiedade aguda que a paralisou.

Senti um esgotamento físico, um peso emocional grande, que roubava toda minha energia. Eu não tinha disposição para nada, com dores por todo o corpo. As emoções surgiam sem controle. Choro fácil, irritação. Eu me sentia ameaçada, muito desprotegida. E sozinha. Sentia todos os medos ao mesmo tempo: de sucumbir, de não dar conta de tudo de que precisava cuidar. Medo de ser destruída, de adoecer e surtar. Tinha um medo angustiante da solidão. Sentia muita vergonha disso tudo e escondia esses sentimentos. Sentia muita culpa por ter me separado; e também por ficar me comparando com minha irmã, que não tinha conseguido ainda trabalho, casamento nem independência financeira. Eu carregava o mundo nas costas. Naquele momento, não sabia para onde ir. Teria que fazer tanto esforço que eu achava que não conseguiria. Nada fazia sentido. E da hiperatividade passei para a apatia, com pensamentos negativistas, sem conseguir enxergar saídas, com muita confusão mental. Então, não consegui mais ir para o trabalho e entrei de licença. Em casa, cuidando da minha filha, de mim mesma, da alimentação e da organização, a coisa foi virando uma bola de neve em vez de melhorar. Até aquele momento, eu tinha cumprido com tudo que esperavam de mim e, mesmo assim, a família me criticava. Eles reivindicavam cada vez mais e mais, forçando-me a extrapolar todos os meus limites pessoais. No relacionamento com minhas amigas, muitas passaram a me considerar uma ameaça aos seus casamentos e namoros. Por inúmeras vezes fui excluída, não lembrada nos convites para festas e viagens. Meu medo de rejeição e de abandono atingiu as alturas. Eu sentia como se estivesse com uma faca cravada no peito, me paralisando, me atrofiando, me fazendo curvar e viver de ombros encolhidos para esconder a derrota que sentia por dentro. Percebi que eu tinha que fazer algo diferente, algo que nunca tinha passado pela minha cabeça. Ao mesmo tempo em que achava que não teria coragem suficiente para mudar de vida, intimamente eu nutria o desejo de recuperar minha saúde, minha paz de espírito. Queria me libertar de todas as amarras, dos medos, das máscaras. Queria me aceitar. Encontrar um amor, um propósito profissional maior, entender minhas fraquezas sem preconceitos, poder ser eu mesma e ser feliz. – Mércia, 41 anos, profissão não revelada.

Até chegar nesse ponto, Mércia evitava qualquer emoção que não pudesse controlar porque alimentou desde sempre a crença de que poderia resolver tudo a qualquer momento, que a vida era dura assim mesmo. Como um mantra diário, travava uma batalha interna, argumentando, minimizando, justificando, adiando, arrumando muitas formas de distração, desviando o foco de sua atenção. Mas esse processo ficou pesado demais e ela desabou.

Mércia é uma das tantas mulheres da contemporaneidade que experimentam problemas semelhantes, crises de identidade comuns em todas as fases da vida adulta. Vivemos numa cultura que, em geral, semeia distanciamento social e autoabandono, fazendo com que deixemos de cuidar de nós mesmos.

> Desde crianças, consolidamos o que chamo de Eu Mítico, ou seja, uma máscara, um jeito de ser, criado para atender as expectativas ao nosso redor; variando, claro, com o meio em que cada um vive.

Devemos considerar circunstâncias particulares, mas certamente você foi afetado por esse contexto coletivo. É raro escapar. Basta observar seu redor com cuidado: onde mora, o que veste, em que trabalha, seus valores. Não se reconhecer mais como parte do que lhe cerca tem um custo: a crise. Estamos aqui para aprender a lidar com ela.

Crises são parte de nossa caminhada evolutiva. Não é possível crescer sem passar por terrenos pantanosos cheios de DORES emocionais e físicas, sem sintomas psíquicos como estresse, ansiedade e depressão, sem uma variedade de medos internos e muita solidão.

Mércia, e talvez você, está entrando no período da vida em que mais comumente chegam os questionamentos e se aprofundam os sentimentos que deságuam no estado mais constante de infelicidade. O que chamo de "implosão do Eu Mítico" costuma ocorrer por volta dos 40 anos. Observe o quadro a seguir com atenção.

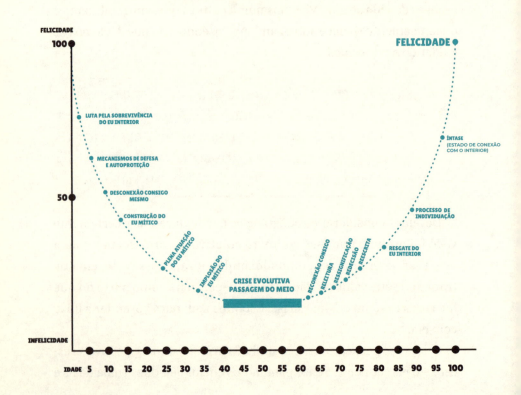

CURVA DA FELICIDADE - FÓRMULA PSÍQUICA

ESTATÍSTICAS MOSTRAM QUE SOMOS MUITOS

Vamos pegar como exemplo o caso das mulheres desse nosso tempo. Ao longo do século XX, as mulheres saltaram de um panorama sem protagonismo pessoal, social e profissional relevante para uma verdadeira revolução cultural. Um estudo do Instituto de Pesquisa Econômica Aplicada (Ipea), com base em dados do Instituto Brasileiro de Geografia e Estatística (IBGE), revelou que, em 2018, o número de casas mantidas financeiramente por mulheres tinha crescido para 45%, sendo que essa porcentagem era de 25% em 1995. Com base nesse dado, podemos pensar que a desigualdade diminuiu, certo? Errado. Também de acordo com o IBGE, em uma pesquisa divulgada em 2019, os salários pagos às mulheres no Brasil é, em média, 20,5% menor do que os dos homens. Ou seja, elas lutam como guerreiras, trabalham mais de oito horas por dia, perdem muito tempo nos deslocamentos e predominantemente são as pessoas que cuidam da organização das casas, o que as deixa com pouco tempo para ser quem de fato são. Esse cenário traz consequências para a saúde física e mental.

> Há alguma chance de você já ter experimentado sintomas de crise?

Solidão e depressão andam de mãos dadas. De acordo com a Organização Mundial da Saúde (OMS), órgão da Organização das Nações Unidas (ONU), o Brasil é campeão em números relacionados à depressão na América Latina, com mais de 11 milhões de casos.

E essa era a situação antes da pandemia da Covid-19, que elevou os níveis de incerteza e ansiedade a patamares que muitas gerações ainda não tinham vivenciado. A OMS estimava que, no ano de 2020, a depressão já seria a doença mais incapacitante no mundo todo. Soma-se a isso o preconceito quanto aos distúrbios psicológicos e temos uma verdadeira bomba: psicofobia, nome dado ao preconceito social que inibe a busca por ajuda, o que, por sua vez, provoca elevação nos índices de suicídio.

Falamos aqui do cenário feminino, mas os homens também acumulam frustrações por esse modo contemporâneo de vida. Muitos demoram a amadurecer, por exemplo. De acordo com análise divulgada pelo IBGE, em 2017, 60,2% das pessoas da chamada geração canguru (nascidos entre 1983 e 1992), que adiam a saída da casa dos pais, é composta por homens. Atualmente, apenas um em cada cinco jovens nessa faixa de idade já conquistou sua autonomia financeira. Esse quadro favorece o aparecimento de conflitos de insegurança, como confusão para se posicionar diante de si na vida adulta.

Há um reflexo negativo também nas relações afetivas, que evidencia situações de instabilidade, imaturidade para vínculos fortes e duráveis e reações defensivas de ataque. Muitos homens com quem já conversei relatam que têm medo de serem punidos por se sentirem como "crianças" no mundo dos adultos. Não são raros os que desenvolvem bloqueio mental e baixa autoestima, apresentando estado de confusão na expressão de suas emoções. Ou seja, desenvolvem os mesmos sintomas de crise que Mércia vivenciou.

Veja que, mesmo sem querer, ela teve a vida paralisada por seus sintomas emocionais e físicos. De acordo com o Ministério da Saúde, a ansiedade com ou sem crise de pânico é a terceira causa de afastamento do trabalho. Mércia teve que parar e ganhar um tempo para tratar da sua saúde mental e física, pois havia atingido o limite de capacidade para lidar com seus conflitos não resolvidos e as consequentes dores. Foi difícil arrumar tempo para si. Ela não sentia que tivesse permissão para isso e, muitas vezes, se boicotava, fugindo de muitos enfrentamentos que estavam estampados bem diante dos seus olhos.

Mércia esteve caminhando na escuridão, dominada pelo seu inconsciente, que determinava toda sua existência. Por isso, sofreu várias quedas que poderiam ter sido evitadas. Durante muitos anos, ela foi uma estranha para si própria. Não sabia como se vincular e dialogar consigo mesma. Alguém que não mantém um bom vínculo consigo, experimenta muitas dificuldades também em construir relações com outras pessoas. Sem bons vínculos, todos nós sofremos com a solidão.

> A pior das solidões é não saber estar consigo. Estar ausente em sua própria vida, não ser o autor e muito menos o protagonista de sua História de Vida. Essa sequência se transforma em uma grande cilada existencial.

MEXENDO EM SUA FÓRMULA PSÍQUICA

O mundo está cheio de desafios que transformam diariamente nossa vida pessoal e profissional. Há, por exemplo, uma sensação de aceleração no nosso comportamento da qual a tecnologia é uma das causadoras. Diante da inundação de estímulos a que somos expostos todos os dias, a quantidade supera em muito a qualidade. Você consegue perceber isso? Essa avalanche de informações torna as experiências pessoais voláteis, atropelando nosso tempo interior e orgânico. Esse estilo de vida gera sofrimento e você acaba transgredindo as leis da sua natureza, o que contribui de forma determinante para o seu enfraquecimento psíquico. Então, como se engajar nesse mundo hiperconectado de uma forma mais saudável? Talvez este seja o desafio mais evidente: romper com as barreiras individuais e com os nossos limites humanos.

A vida não perdoa e não espera o seu tempo. Ela acontece e você precisa aumentar seu Poder Pessoal para se adaptar e vencer esses desafios. Poder Pessoal é como denomino suas potencialidades e habilidades inerentes, que, ao evoluírem positivamente, se constituirão como seu maior patrimônio de força, individualidade e energia vital. Constantemente, você sofre ataques que bombardeiam seu Poder Pessoal. Ao sucumbir a esse determinismo psíquico do meio, você atrofia sua individualidade, esses seus potenciais únicos que o diferenciam com soluções mais apropriadas e potentes. O meio exige o senso comum, sendo avesso às diferenças e à individualidade, coibindo a expressão natural do seu ser único.

> Acredito que a RECONEXÃO é o único caminho possível para ganhar tamanha força e viver melhor.

Todo enfraquecimento interno bloqueia você e atrapalha sua caminhada de vida. Compreender e curar suas dores e angústias – que podem acompanhá-lo por anos – é um processo muito solitário. Mas, juntos, vamos transformar sua luta por uma História de Vida tão única em algo menos árduo. Você vai descobrir conteúdos neste livro que revelarão como sua mente trabalha e como melhorar esse funcionamento para que ela atue de forma curativa na sua história.

A força inconsciente que dirige sua vida nós vamos chamar de Fórmula Psíquica. Sua estrutura segue uma programação mental: vem da sua formação na infância e é impactada por tudo ao seu redor, lugares e pessoas. Essa programação mental cria as bases para que você construa falsas crenças sobre si que podem perdurar até sua vida adulta.

> A FÓRMULA PSÍQUICA tem o poder de determinar como você pensa, suas escolhas, o que você sente. Carrega um determinismo muito grande e é a origem de todos os seus problemas. A boa notícia é que você não precisa carregar por toda a sua vida uma programação tão impeditiva.

É HORA DE SE ILUMINAR

Para solucionar seus problemas, primeiro você precisa descobrir seus pontos de bloqueio, os causadores de todos os males. Descobrir esses pontos significa perceber, tomar consciência e jogar luz nas sombras da sua mente. É preciso iluminar seu inconsciente e levar para seu consciente o que no passado você guardou e escondeu, por ainda não ter condições emocionais para enfrentar numa releitura e ressignificar. A conexão entre inconsciente e consciente que se dá por meio de sua Inteligência Curativa faz com que você acesse sua subjetividade.

Muitas vezes, ao olharmos para dentro, sentimo-nos sozinhos e ameaçados justamente quando mais precisamos de nós mesmos, de pessoas e de estímulos positivos. Estamos juntos aqui para nos fazer companhia. Por meio do processo de identificação, você vai ecoar a energia de conexão da sua Inteligência Curativa, criando elo poderoso e transformador. Acredite na Inteligência Curativa que está dentro de você. Conecte-se com ela, faça uso dela. A hora chegou. Rapidamente, você sentirá os benefícios.

Sua vivência pessoal e os relatos generosamente ofertados pelos meus pacientes vão promover um diálogo, essa grande ciranda evolutiva, na qual dançaremos juntos, de mãos dadas, em harmonia e alegria. Uma bela imagem para esse momento é a tela *A dança*, de Henri Matisse. A pintura é bem conhecida e fácil de localizar na internet. Você consegue se projetar nessa imagem? É esse tipo de libertação que proponho a você conquistar. Portanto, aceite meu convite e aproveite para cultivar também este mantra que criei:

FOCO, AÇÃO E CURA JÁ!

CAPÍTULO 02
Pare de construir mitos e fugas e comece sua reconexão consigo

AGORA, PENSE UM POUCO SOBRE SEUS RELACIONAMENTOS AFETIVOS.

Os relacionamentos afetivos reproduzem nossa forma de construir vínculos e é muito comum nesse setor fundamental da vida a tendência de repetir padrões de comportamento que são ditados pelos outros. E não é só de casamento tradicional que estou falando. Os conflitos relacionais ocorrem quando se está casado, solteiro, namorando; em contextos diversos de amor, sexo, amizade, família e trabalho. Esses conflitos costumam afetar todos os nossos campos de interação social e estão entre as principais causas do sofrimento das pessoas.

A partir da minha experiência como uma facilitadora do processo de desenvolvimento da Inteligência Curativa, posso afirmar que, ao longo da fase adulta, tendemos fortemente a fazer escolhas que não refletem o que desejamos de fato, mas que vêm pela massa dos grupos sociais de que somos parte. Somos arrastados a agir de determinada maneira, como numa maré brava.

Nosso condicionamento para relações afetivas está presente até na nossa comunicação não verbal – gestos, expressões faciais, tom de voz, postura corporal etc. –, que, muitas vezes, acaba por contrariar inconscientemente nosso discurso. São mensagens emocionais. E o outro percebe, ainda que não saiba exatamente explicar o que está percebendo.

Provavelmente, você repete padrões de comunicação no seu comportamento, projetando suas necessidades no outro, criando expectativas, fantasias e papéis complementares a serem cumpridos. São modelos fadados ao fracasso, que esvaziam o vínculo ou nem permitem que eles se estabeleçam, pois contêm laços sufocantes, que aprisionam e não gratificam. Como resistir a essa correnteza de símbolos, imagens, cobranças?

Pode ser que você esteja experimentando – ou tenha experimentado – dificuldades em criar e manter vínculos com outras pessoas. Acredito que você tenha ciência dos reflexos dessas dificuldades, pois não fomos ensinados ou preparados para a sutil arte de cultivar vínculos. Então, convido você a conhecer o caso da Dany. Observar a experiência alheia nos ajuda a detectar o que vai de errado conosco, o que fazemos quase sem pensar, mesmo que em desacordo com nossos anseios mais elementares, que acabam desprezados, sufocados. Somos dotados de "neurônios espelhos" ou neurônios da empatia. Eles são a base do fenômeno da identificação, que se dá pela universalidade de nossas dores. O outro e sua humanidade podem ser espelhos para compreender sua História de Vida.

Dany é uma mulher de 43 anos. Profissionalmente, ela enfrentou e venceu as armadilhas do caminho e se encontrou. Mora em um tipo de apartamento da moda nas grandes cidades, um *loft* – espaços de cerca de 30 m², ideais para quem mora sozinho e passa muito tempo fora de casa –, mas que, no seu caso, parece ser a concretização de um estilo de vida que, no fundo, ela não queria e que se tornou parte do sofrimento.

Já passei por diversas experiências afetivas. Na juventude tive um namorado que gostava muito de mim. Tudo era bom, divertido – turma, festas, viagens. Mas eu terminei o namoro. O que eu mais gostava era que ele gostasse de mim. E terminar esse namoro acabou sendo emocionalmente bem difícil. Cheguei a refletir sobre essa vivência, mas não avancei nas respostas e segui tendo relações que não duravam muito.

Comecei a perceber que eu não confiava nas pessoas e que não me entregava aos sentimentos. Queria ter o controle. Buscava o homem ideal, perfeito, sem falha nenhuma, sem fragilidades: modelo tanquinho, alegre, festivo, enturmado, responsável, inteligente, seguro, maduro, companheiro, amigo, amante, forte, independente financeiramente... Ou seja, aquele homem que não existe. Minhas relações tinham sempre as mesmas características: eram superficiais, conflituosas, disruptivas, frustrantes e não avançavam. Eu me sentia intrigada e esgotada ao me dar conta dessa repetição. Desenvolvi um estilo de vida bem comum entre os amigos da mesma idade que eu. Cervejarias, viagens em grupo para festas promocionais, baladas, sexo sem compromisso, "amizades coloridas", até sexo tipo "delivery". Eu dizia a mim mesma que estava feliz, pois tinha muitos amigos, era livre para tomar decisões sozinha, me vestia bem e tal. Dos 30 aos 40, enquanto as coisas se arrumavam no campo profissional, eu ia procurando diversão. Mas eu sofria também com crises frequentes, quando sentia uma dor visceral, que me dava uma sensação de afogamento e impotência. Eu tinha necessidade de estar com pessoas, como se elas fossem uma boia de salvação. Muitas vezes, na solidão, pensei que iria enlouquecer. Perdi a confiança na minha capacidade de vencer essa luta interior. Daí, os sintomas de estresse vieram: ansiedade, insônia. E chegou a depressão.
– Dany, 43 anos, profissão não revelada.

Existe um dado muito importante nessa história: Dany fez duas faculdades, uma na área da saúde e outra na área jurídica. Quando escolheu a primeira faculdade, ela era bem nova, estava bem confusa – como não é raro ocorrer – e seguiu para a saúde. Mas não se deu bem depois que se formou e começou a trabalhar. Foi muito penoso para ela descobrir que havia tomado um caminho que não a fazia vibrar e voltar para uma faculdade, ainda mais em dupla jornada, trabalhando de dia e estudando à noite. Essa decisão aumentou o tempo em que precisou morar na casa dos pais. Dany ainda levou alguns anos depois da segunda faculdade para entrar no emprego que tem atualmente. Ela conseguiu independência financeira e até passou a enviar dinheiro à família.

Em paralelo a esse ajuste profissional e financeiro, sua vida pessoal esteve projetada para fora. Sua História de Vida adulta foi construída com base na pressão do meio em que vivia, exercendo atividades que não tinham sentido verdadeiro para ela. Dany deixou prevalecer o modelo condicionado, apenas repetindo e repetindo e repetindo sem refletir sobre esse comportamento e evitando conhecer e se conectar com suas emoções. Então, ela se enfraqueceu e criou máscaras para esconder sua realidade interna.

Em suas palavras, Dany acreditava não ser merecedora de nada bom, que ninguém chegaria a amá-la realmente em relacionamentos além desses de ambientes festivos e encontros casuais. Ela sofreu com uma autocrítica feroz, desconectou-se de si. Onde, afinal, acharia bases de sustentação que a deixassem verdadeiramente feliz vivendo em um lugar onde não cabia mais ninguém?

> Reflita: você consegue enxergar os vários desvios do caminho central de sua vida? Tem dificuldade em voltar a ele?

A questão não é com quem estabelecer um vínculo afetivo, mas se você consegue estabelecer algum, com outras pessoas e com você. O acúmulo de experiências voláteis – mais quantidade que qualidade – repetidas tende a provocar infelicidade e sensação de vazio interior, que podem ser traduzidos por duas palavras doídas: solidão e frustração. E esses sentimentos são potencializados pela obrigação de expressar alegria imposta pelas redes sociais. É preciso postar muitas festas, muitas viagens, muitos relacionamentos. Senão, vão perguntar o que há de errado com você. Infelizmente, é muito provável que essas postagens não digam respeito exatamente à alegria como emoção autêntica, mas sejam disfarces socialmente aceitos para excitação, euforia e mania.

BEBER NÃO AJUDA

É comum dizer, em tom de brincadeira, que "só bebendo mesmo" para atravessar momentos difíceis. Mas o consumo de álcool de forma exagerada é só um exemplo de reforço para a situação de fuga e repetição de comportamentos que não nos completam. O álcool libera dopamina, uma substância que dá a sensação de prazer. Com o tempo, o cérebro passa a associar os bons momentos à ingestão de bebida alcoólica, e assim a pessoa entende que só sentirá prazer consumindo álcool. Esse é um mecanismo bem conhecido e uma armadilha que segue fazendo vítimas.

O II Levantamento Nacional de Álcool e Drogas, realizado em 2012 pela Universidade Federal de São Paulo (Unifesp), constatou que 66% de homens e 49% de mulheres bebem entre quatro e cinco unidades quando fazem uso de álcool e que 16% da população consome quantidades consideradas nocivas. Em 2017, a OMS divulgou dados apontando para um aumento de 43,5% no consumo de bebidas alcoólicas no Brasil durante os dez anos anteriores. O país passou a ocupar a 49ª posição entre os 193 avaliados.

Esses números evidenciam, ao mesmo tempo, um grande problema de saúde pública e de saúde dos indivíduos em particular. A fuga da realidade pelo entorpecimento alcoólico é sintoma de desconexão e cresce como bola de neve em um ciclo vicioso: a busca da recompensa de efeito imediato e fugaz provoca o afastamento de si e deixa marcas, semeando doenças e causando mais sofrimento. O dia seguinte ao da satisfação pelo álcool torna-se cada vez mais cruel de ser vivido.

SOBRE MITOS E FUGAS

Criar rotas de fuga e desvios por não saber como lidar com a realidade por meio do autoconhecimento, como aconteceu com a Dany, é uma estratégia usada por muitas pessoas. Mesmo vivendo uma relação estável, como um casamento, por exemplo, pode ser que você também experimente esse ciclo vicioso da busca pelo prazer imediato em festas, bebedeiras e exposição das "alegrias" nas redes sociais. Mas nenhuma festa dura para sempre. Há o dia a dia, o cotidiano. Os conflitos existem e podem levar relações aparentemente estáveis ao famoso cenário de solidão a dois, cujas dores muita gente esconde por não ter a percepção mais adequada e eficiente sobre si.

Para quem vive um relacionamento estável há muito tempo, a percepção de que ninguém vive apaixonado e com a libido aflorada todos os dias pode provocar um esvaziamento da relação. Criam-se esses espaços que passam a ser ocupados por frustrações, dúvidas, inseguranças e confusões emocionais.

> Uma fuga da realidade muito recorrente é criar mitos para si e também para sua companhia. Esses mitos têm como função resolver vazios e dores afetivas. Existem para funcionar onde você se sente incapaz para tal. Portanto, são projeções.

Lembro do Fernando, que está entre os 20% de homens que buscam terapia, e tinha um estilo de vida muito adaptado às exigências profissionais e da família, atado a rotinas, fugindo pouco ou em nada ao senso comum. Às vezes, ele sentia tédio. E também raiva, frustração, uma sensação de falta de propósito. Então, projetava em um novo possível relacionamento amoroso seus sonhos de uma vida mais intensa. Nessas fantasias, havia viagens pelo mundo, sexo selvagem a toda hora, uma vida sem rotinas, só prazeres, tudo muito atraente, em constante mutação. Para ele, a perfeição. Essa idealização tem um custo, porque muito dificilmente vai se tornar realidade. Apoiar-se em pensamentos irreais por muito tempo denota um tipo de autoabandono, que vai se transformar numa usina geradora de conflitos e dores.

Laura é exemplo no sentido contrário. Seu estilo de vida era aventureiro, mas, quando se sentia solitária, desprotegida, projetava tranquilidade em uma nova relação. Sonhava com uma casa num lugar perfeito, onde tudo fosse harmonia e não houvesse conflitos e atropelos. Uma relação de amor sem brigas, atritos, diferenças; o ideal para ela. Novamente, trata-se de uma vida irreal.

Nem sempre, no entanto, temos facilidade de enxergar que estamos vivenciando uma fantasia. Nós nos enganamos com muita habilidade, não menospreze esse poder da nossa mente.

Nesses dois exemplos de fuga da vida real, observamos as polaridades e as dualidades da natureza humana. Você vive predominantemente de uma maneira e então passa a desejar o jeito oposto. Às vezes, de forma desesperada. O problema pode estar justamente no que chamo de fixações, ou seja, na rigidez de ser "só de um jeito", que pode acabar como fonte de frustrações e desilusões, evidenciando seu desconhecimento sobre si e um grande autoabandono como consequência.

> Vale ressaltar que a dor é uma quando o outro é que nos machuca. Quando a fonte somos nós, dói muito mais.

Criar o Eu Mítico – para substituir você pelos caminhos de sua vida como um personagem, uma armadura ou uma máscara que encobre seu verdadeiro eu –, inventar pessoas "perfeitas", construir na cabeça mundos idealizados; tudo isso reforça as repetições de comportamentos que não têm sentido para nós. Ou seja, as escolhas afetivas inconscientes alimentam o ciclo vicioso de frustrações e culminam em seus principais sintomas: as dores psíquicas, emocionais e psicossomáticas.

As Histórias de Vida compartilhadas até aqui mostram que solidão e depressão andam de mãos dadas e os efeitos dessa dupla são nefastos

– mesmo em relações estáveis e duradouras e por diversos motivos. A infelicidade gerada provoca o enfraquecimento do nosso Poder Pessoal, nos faz desistir de perseguir nossos propósitos e, em último grau de perigo, estimula ideias recorrentes de suicídio.

O corpo denuncia que a mente está em desordem produzindo sintomas físicos, como o cansaço de que falamos no começo dessa conversa. São sintomas que a pessoa forja ao se abandonar em detrimento de seu mito pessoal, do mundo ideal, e que funcionam como alertas. Quando o corpo pede socorro, está pedindo para você sair desse estado de autoabandono que as redes sociais camuflam de modo festivo e brilhante. Está pedindo que você retorne corajosamente para si, que se reconecte consigo. Esse enfrentamento leva à cura, libertando a mente para reescrever sua História de Vida de maneira real, atualizada e verdadeira.

Ainda não é o momento de começar a escrever o Diário, mas convido você a já pensar sobre os caminhos que seguiu, a tentar descrever em pensamento como você vem vivendo – o lugar onde mora, o que consome, como se diverte – e como e onde se sente mais em paz. Essa é uma espécie de preparação para começar a escrever. E essa etapa é importante porque o ato de pôr palavras no papel ou numa tela é diferente e efetivo.

GERAÇÃO FANTASIA

Serei mais incisiva agora. É muito provável que você pertença a uma geração marcada pela busca por prazer a todo instante. Uma geração que alimenta a fantasia de que tudo tem que dar sempre certo porque o universo arranja as coisas e a própria vida lhe deve a felicidade. Mas é meu dever desfazer esse entendimento do que é a vida. Caso contrário, não avançaremos até a Inteligência Curativa.

Levar a vida como se os problemas se resolvessem magicamente, sem empenho, sem desapego, sem processo, cria portas e janelas para falsas crenças. Como consequência, você faz escolhas erradas, desvia-se de sua trajetória e da sua História de Vida. Esse comportamento é fruto da incapacidade de enfrentar frustrações e da leitura desfocada da realidade externa, sobre como a vida realmente funciona.

Se você está nesse lugar, pode ser que sua vida não ande muito bem, que você esteja experimentando muitas dúvidas e inseguranças sobre si: que caminho seguir, de que forma, para que e se de fato deseja segui-lo. Quando olha para seu entorno e percebe esse panorama – tão pouco favorável a uma individualidade saudável, fortalecida, apta para uma vida de realizações, livre, com saúde e felicidade –, você começa a se questionar. "E agora, o que fazer?" "Onde estão as saídas?" "O que eu fiz comigo?" "O que fizeram comigo?" "O que eu fiz do que fizeram comigo?" Todas essas perguntas são pertinentes, pois é preciso começar a investigar todas as possibilidades. Você é quem deve regular seu termômetro de percepções e voltar sua atenção para dentro. Todos nós – dos 24 aos 70 anos, não importa a fase evolutiva – apresentamos sintomas comuns oriundos do desenrolar de nossas Histórias de Vida. Quanto mais tempo estivermos longe dessa busca por cura e mais amplos e diversificados forem os problemas psíquicos, maiores serão o índice de adoecimento físico e as dores emocionais.

Vou usar novamente o exemplo de Dany. Ela até já venceu algumas fases de seu processo de cura, mas restam importantes conflitos afetivos e familiares não resolvidos. E não deseja mais esse estilo de vida solitário. Dany precisa evitar o caminho que a leva a fazer parte de uma triste estatística. Conforme relatório de 2019, a OMS relata que a depressão será a maior causa de mortes no mundo até 2030 – e nem havia no horizonte ainda a vivência dura que tivemos em 2020, com a pandemia da Covid-19. O alto nível de incidência de depressão na humanidade configura outra pandemia silenciosa e letal. Precisamos combater também essa pandemia que nos paralisa e tira pessoas amadas do nosso convívio.

> Mércias, Danys, Fernandos, Lauras, geração canguru, melhor idade: venham fazer parte dessa ciranda evolutiva e libertem-se em cura e iluminação interior!

Nos próximos capítulos, você vai encontrar elementos para elucidar todas essas questões. Perceba como são muitas e como abrangem todas as suas características como indivíduo. É instigante seguir por essas trilhas.

Agora você pode pensar em abandonar seus atalhos conflituosos e voltar para o caminho principal de sua História de Vida. Você já tem o seu plano A para vencer nessa empreitada: a FÓRMULA PSÍQUICA para detectar o que o aflige, e com sua INTELIGÊNCIA CURATIVA, para pôr as coisas no lugar, formando uma dobradinha perfeita para a solução de seus problemas. Você está em uma Jornada de Autoconhecimento única e potente, então siga em frente. Não olhe para trás, pois sua Inteligência Curativa já foi acionada!

O corpo denuncia que a mente está em desordem

CAPÍTULO 03
UMA AUSÊNCIA NO CAMINHO PRINCIPAL DA PRÓPRIA HISTÓRIA DE VIDA

> O que eu fiz comigo? O que fizeram comigo? O que eu fiz do que fizeram comigo?

Se você não se fez essas perguntas ao longo do capítulo anterior, tente agora e elabore algumas respostas, as que forem possíveis. Até para responder a perguntas sobre nós mesmos, é necessário alguma prática, uma busca e, quando possível, um método. Então, não se cobre muito. Lembre-se de que este livro é uma conversa entre você e eu, e um diálogo interno seu. A ideia é lhe oferecer ferramentas para que você possa expandir sua percepção e entender se seu caminho de vida foi, de fato, criado e determinado por você ou se está sendo guiado por ideias e orientações alheias, ou ainda oriundas do meio social em que você está inserido.

Enquanto isso, mantenha essas perguntas na sua cabeça, mentalize as respostas ou mantenha um rascunho em algum lugar provisório. Em breve sua escrita vai ganhar um lugar de destaque.

PASSO 1
OLHAR BEM AO SEU REDOR

O DETERMINISMO PSÍQUICO DO MEIO

Aqui você começa a descobrir como sua trajetória foi moldada.

Somos seres relacionais. Portanto, muito influenciáveis pelo ambiente externo. Quando nos comunicamos, fazemos isso numa forma que chamo de dança psíquica relacional, e é dela que extraímos nossa identidade, nossa maneira de estar no mundo, que costumamos nomear "nosso ser". A dança psíquica relacional é um mecanismo de interação e comunicação, como um jogo em que você influencia os lugares e as pessoas com quem tem contato e esses mesmos lugares e pessoas também exercem influência sobre você, modificando-o em diferentes intensidades. Ela caracteriza nossa humanidade e se dá por meio das inter-relações, possibilitadas pelo pensamento, pela comunicação com palavras, pela expressão artística, pelos sentimentos e pela forma como os vivenciamos. Eu e o outro, o outro como meu espelho, eu como espelho do outro.

Infelizmente, é comum tentar fugir da consciência de que os acontecimentos fundamentais que o levaram a construir sua História de Vida de uma forma tão determinista e desfavorável estavam fora de você. Mas onde? Em tudo o que o rodeia: sua família, seus amigos, os lugares que frequenta e as pessoas nesses lugares, a carga cultural que recebeu e a que buscou, o patamar socioeconômico em que foi criado e o que ocupa atualmente, o ambiente físico (sua casa, bairro, cidade, país).

Quando compreendemos que o meio exerce esse papel decisivo na formação da nossa identidade, entendemos uma verdade fortíssima e inevitável: a nossa formação provém de um meio que não nos favorece e também não facilita um processo evolutivo de crescimento essencial, espontâneo e único.

O meio no qual vivemos, crescemos e que tanto nos influencia está repleto de estímulos negativos e repressivos, que têm o poder de nos limitar e nos adoecer. Não são necessárias estatísticas para percebermos que boa parte das regras sociais – da reunião de trabalho à mesa de jantar – impõe moldes e padrões de comportamento e que, em geral, questionamentos e desvios não são bem tolerados. A função dessas regras é dar continuidade ao que já está estabelecido, é familiar e bem aceito.

> O único e o novo não têm espaço. Ou seja, nossa individualidade, as características que nos diferenciam uns dos outros, é considerada uma verdadeira ameaça.

No livro *O mal-estar na civilização*, Sigmund Freud reconhece esse padrão de formatação social e sustenta que é um traço da civilização ao longo de gerações e gerações, preparada pela chamada "repressão orgânica". E afirma: "Só nos libertaremos destas nefastas consequências nos dando conta e reconhecendo o preço que somos obrigados a pagar pelo nosso processo civilizatório: a destruição de nós mesmos[1]".

O que essa afirmação de Freud significa na prática? Que foi imposto a você agir, falar e fazer escolhas de modo a atender às expectativas do seu meio de relacionamentos. Mesmo que como medida adaptativa, ao fazer isso, você abdicou de ser quem é para não receber punições e ser excluído desse ambiente. Trata-se de um mecanismo que aciona uma defesa emocional, mas que o faz refém dessas expectativas por uma questão de *carência de aceitação*.

Essa necessidade de aceitação ocasiona um grande enfraquecimento pessoal, que se dá pela perda das suas potencialidades únicas, que não

---

1. FREUD, Sigmund. **O mal-estar na civilização**. Obras completas. Rio de Janeiro: Imago, 1969. v. XXI. p. 105.

puderam ser vistas e reforçadas para um crescimento e desenvolvimento saudável ao longo da construção da sua História de Vida. Você não pôde contar com o seu melhor durante sua formação.

A CIÊNCIA COMO SUA ALIADA

O impacto do meio sobre você é comprovado por geneticistas e neurocientistas que se dedicam ao estudo do genoma e que realizaram descobertas revolucionárias sobre o conhecimento humano. Das descobertas da neurociência, talvez o que mais tenha me impressionado foi saber que o ambiente ou o estilo de vida da pessoa, são mais determinantes que sua constituição genética na sua formação física e psicológica.

> Anos e anos escutando que "está no nosso sangue", que "puxamos a" fulano ou sicrano e que "por isso somos assim". Bom, considere que essas influências que carregamos no DNA são importantes, mas não determinam nosso destino.

A base desse entendimento vem da epigenética, ou o estudo das características físicas e dos comportamentos que não estão marcadas no nosso código genético, o DNA, desenvolvidos pelos seres vivos. Lembrando que o DNA carrega a união das características básicas de nossos pais biológicos, instruindo a reprodução das nossas células. *Epi* é o termo grego para "por cima" ou "acima". Então, epigenética tem a ver com o que age para além desse código básico, com a influência de outros fatores na reprodução celular. A equação complica, mas, ao mesmo tempo, torna-se mais condizente com o que experimentamos na prática, na vida.

Aprofundando um pouco o assunto, é importante saber que as verificações desse fenômeno por meio de experimentos comprovados começaram na metade do século passado, com o geneticista inglês Conrad Hal Waddington. Mais recentemente, estudiosos da Evolução e da Genética obtiveram avanços sobre o tema, com algumas diferenças teóricas entre eles, mas ambos no entendimento de que ambientes físicos e sociais também "escrevem" suas linhas em nosso ser. Entre esses pesquisadores estão Richard Dawkins, autor de livros como *O gene egoísta* e *Ciência na alma*; Joël de Rosnay, que escreveu *A sinfonia da vida*, explicando como a genética pode levar cada um a reger seus destinos; e o geneticista Moshe Szyf, que pesquisa sobre epigenética comportamental.

Perceba que, por meio dos estudos do código humano da vida (DNA), os cientistas estão comprovando hoje, no século XXI, o que Freud já dizia nos primórdios do século XX. Portanto, a partir de tantos estudos, podemos acreditar que sofremos os impactos do meio e que depois sofremos com o que nos tornamos. É bastante sofrimento, e nossa caminhada aqui tem como objetivo diminuir essa carga para dar uma guinada no jogo da sua vida. Normalmente nós nos tornamos o que os outros querem que sejamos, mas vamos reduzir essa influência.

Nossa adaptação social demanda posicionamentos e escolhas pessoais que respondam às expectativas dos indivíduos que constituem nossa família e o meio social em que estamos inseridos. Somos bombardeados por estímulos e comandos: vozes, imagens, "vista isso", "diga aquilo", "não fale assim". Alguns desses estímulos parecem ficar marcados como tatuagens na nossa mente. Mas, se fosse realmente assim, difícil seria removê-las.

Vamos, então, conhecer o caso da Marli, que citei na introdução do livro. Uma pessoa que de tão desconfiada tinha muita dificuldade em criar vínculos afetivos, e que, por volta dos 40 anos, percebeu, enfim, que acabava por repetir comportamentos da mãe e da avó.

Venho de uma família que tem mulheres muito fortes e dominantes. Minha mãe tinha o controle total e absoluto da casa, dos filhos e do marido. Nesse processo sobre minha História de Vida, percebi que minha avó materna também era desse jeito. Era muito severa consigo e com todos ao seu redor. Tinha um tom de voz áspero, gestos duros, a cara sempre fechada. Não confiava em ninguém e dificilmente demonstrava fraquezas ou dúvidas. Sempre saía na frente e resolvia tudo à sua maneira. Entendi que eu vinha repetindo esse mesmo comportamento. Tenho mais de 40 anos e até hoje não consegui manter uma relação afetiva. Sempre surgem os mesmos conflitos. Por não confiar, tentava manter comigo o controle das situações e das tomadas de decisão sobre tudo. Quando o outro se submetia, eu perdia a atração. Quando se rebelava, o relacionamento virava uma batalha. Minha mãe e minha avó terminaram a vida sozinhas. Eu me vi como se fosse um robô: programada para repetir as mesmas histórias. Como saio disso? – Marli, 40 anos, profissão não revelada.

Esse depoimento é baseado no que Marli escreveu durante nossas conversas. É algo parecido com o que você vai começar a fazer também. Escrever é uma etapa importante do processo de apropriação de sua História de Vida. No depoimento, constatamos como Marli permitiu inconscientemente que os padrões emocionais e relacionais repetitivos da família formatassem seu comportamento, suas emoções e muitas das decisões que tomou. O inconsciente, que determina como vivemos, sofre interferência do determinismo psíquico do meio, o que influencia a construção de nossa vida.

PASSO 2
SUPERAR A CEGUEIRA SOBRE SI

Esse conteúdo inconsciente do determinismo psíquico do meio na formatação da mente produz uma espécie de cegueira sobre nós mesmos. Pois, a adaptação forçada ao ambiente cobra um preço alto: pede que desistamos de ser quem somos. Se você teve que se abandonar, imagine que, como consequência, teve que criar falsos Eus, as máscaras e os mitos que construímos para mostrar a todos à nossa volta que vencemos e nos transformamos em *experts* adaptativos. Você apreendeu tudo e, portanto, não precisará ser punido ou excluído.

> Veja bem como nossa carência de aceitação trabalha justamente contra nós mesmos. Esse é um processo que cobra alto da nossa saúde em geral, e acabamos construindo uma máquina de fazer dores e doenças.

Ao se perguntar "Como saio disso?", Marli sentia dificuldades que pareciam intransponíveis. Ela e todos nós sentimos impotência quando chegamos perto de tatear nossa escuridão inconsciente, de superar nossa cegueira sobre nós. Esse momento pode ser um choque. Porém, também é um patamar de consciência sem retorno.

PASSO 3
ESPANTAR SEUS MEDOS E PRECONCEITOS

A PSICOFOBIA SÓ ATRAPALHA NOSSO CAMINHO

Para seguir em frente na jornada de cura de sua História de Vida, você vai encarar outro fator de impedimento e de causa dos seus problemas: a psicofobia. Trata-se do preconceito social contra tudo relacionado à mente e contra pessoas que sofrem de qualquer sintoma mental considerado desagradável, como transtornos de bipolaridade ou depressão.

Perceba que é na mente que está a origem de tudo que se passa com você. Portanto, a psicofobia trabalha contra você, porque o inspira a negar, cada vez mais veementemente, seu sofrimento e a desprezar seus sintomas. Você se nega a decifrar e a entender esses sinais. É como ter medo de partes de seu próprio corpo. Medo das suas mãos, por exemplo, e todas as funções relacionadas a elas, como tocar, pegar e moldar. Se você parar para pensar, isso não tem sentido. É apenas outra grande armadilha.

É verdade que há quem se afaste quando estamos passando por dificuldades, mas não são todas as pessoas. Se a psicofobia está arraigada em nós, passamos a acreditar que ninguém vai querer chegar perto e nos ajudar porque estamos deprimidos. Ou seja, nós também começamos um movimento de afastamento antes mesmo de saber se ficaremos realmente sozinhos. Nós nos apoiamos numa falsa crença antes mesmo de pedir ajuda.

A psicofobia é hoje um dos maiores entraves na procura por orientação profissional por quem tem qualquer sintoma de distúrbio mental e isso determina o agravamento das doenças. Também afasta quem precisa dos trabalhos preventivos. As pessoas deixam seu estado mental chegar a estágios lastimáveis antes de aceitar tomar uma atitude positiva ou aceitar um auxílio e efetivamente agir. Foi o que aconteceu com Ana, que viveu crises de pânico e ansiedade sem procurar tratamento até que atingiu um estágio de compulsão geral, como você pode ler no depoimento.

Eu fazia mil coisas ao mesmo tempo no trabalho. Desafiava o relógio, colocando muitas tarefas para cumprir em um tempo bem reduzido. Dirigia de um lado para o outro em velocidade máxima. Eu me condicionei a alimentar minha mente com adrenalina e cortisol em quantidades exorbitantes. Passei a dormir cada vez menos, de duas a quatro horas por noite. O pensamento andava acelerado e meu corpo já não suportava mais cumprir com todas essas ordens desumanas de desafios contínuos. Sentia dores no corpo todo e não procurava ninguém para falar disso tudo. Repetia pra mim mesma: "Não quero me tornar uma lesada, um zumbi, com expressão de louca e babando por aí". Só de olhar para a caixa de remédios, sentia taquicardia e começava a ofegar. – Ana, 40 anos, jornalista.

Ana já estava num quadro depressivo de longa data quando a conheci. Sua psicofobia esteve segurando por anos sua real necessidade de usar medicamentos contra depressão, pânico e insônia. Apesar de ser uma pessoa muito inteligente e bem-sucedida profissionalmente, ela se deixou levar pela psicofobia e seu quadro mental chegou a um estágio grave. Sabe o que ajudou Ana a resolver esse sofrimento? Primeiro, foi se conscientizar de que precisava de auxílio. Depois, uma estratégia que agora até parece simples, mas foi bastante engenhosa. Sempre que ajustava o horário dos remédios no despertador, lia um recado que escreveu para si mesma: AMOR-PRÓPRIO.

No momento de retomar a escrita de sua História de Vida, Ana precisou de remédios. Mas não é assim com todo mundo. E tudo de que estamos tratando aqui nessa conversa tranquila serve para reduzir ao máximo a necessidade de você ter que recorrer a medicamentos. Aliás, é sempre bom reforçar este recado: não se automedique! É muito perigoso. Essa é uma jornada que você deve seguir consigo mesmo, mas também contando com o apoio de profissionais e médicos especializados. O meu desejo é que as ferramentas que estou compartilhando contribuam para que sua relação interna e com os tratamentos ATUAIS sejam cada vez mais assertivos e libertadores.

INTENSIFICANDO SEU DIÁLOGO INTERIOR

Reflita como cada um destes três elementos impeditivos permearam sua vida até agora.

1. Determinismo psíquico do meio ( )
2. Cegueira sobre si ( )
3. Psicofobia ( )

Use estas letras para indicar o que sente:

F – para forte presença
M – para média presença
P – para pequena presença

Observe como esses impedimentos e causadores de dores e problemas levaram você para longe de seu caminho central, e até para desvios perigosos ao se autoabandonar ou ignorar os sinais de seu corpo. Quando não está presente de forma consciente na própria vida, você entra numa espiral contínua de repetição de seus problemas e conflitos.

A Fórmula Psíquica e sua Inteligência Curativa carregam ferramentas eficientes para auxiliá-lo no caminho da libertação. No próximo capítulo, vou apresentá-las como a solução mais eficiente e poderosa em sua jornada de retorno a si mesmo.

É na mente que está a origem de tudo que se passa com você

CAPÍTULO 04
você é sua mente. sua mente é uma fórmula psíquica

Quem chora desesperada e silenciosamente dentro de você é sua criança ferida, que está atrás da porta da sua consciência, esperando para ser libertada.

Em momentos solitários e de muitas inquietações, você clama por soluções e respostas. É possível que surja um sentimento de desconfiança, uma sensação de que não há saídas nem respostas. Não se deixe abater por esse engano. Sempre existe a chance de caminhar em direção à verdade sobre quem somos. Empoderar você nessa jornada de cura de sua História de Vida é uma possibilidade real, prática e inteligível.

Sua FÓRMULA PSÍQUICA foi constituída em sua infância e por volta de seus 8 anos já estava pronta. Na adolescência e idade adulta, você apenas a repetiu milhares de vezes.

Sua mente é multifacetada. Meu conceito da Fórmula Psíquica é formado por temas que ajudam a desvendar as facetas básicas da mente. Nesse território de estruturas elementares, você entenderá como construiu uma engrenagem, que funcionava de acordo com as possibilidades que tinha quando viveu todas as situações do passado. O quadro na página seguinte é um modelo. Você não precisa preenchê-lo agora, pois vou pedir que preencha na parte final dessa nossa conversa. Até lá, você já vai ter tomado mais consciência do processo, vai ter se familiarizado com os termos e, principalmente, mergulhado em sua mente, nas suas vivências, para construir a libertação que proponho.

Não tenha medo das perguntas que surgem na sua cabeça e no seu coração. Suas inquietudes provocam reflexões e se conectam com sua INTELIGÊNCIA CURATIVA. Divido com você este conceito novo e revelador que potencializa o poder da sua mente. Sua INTELIGÊNCIA CURATIVA não é um dom, nem um estado mágico ou alterado de consciência. Ela é uma potencialidade a ser alimentada, reforçada e desenvolvida como qualquer outra, como por exemplo, a criatividade, a musicalidade ou o raciocínio lógico. Portanto ela é funcional, podendo ser expressa e percebida por meio de nossas atitudes. Nada mais é do que a habilidade mais nobre da nossa capacidade de perceber e raciocinar, gerando pensamentos diferenciados e elaborados com possibilidades ilimitadas de atuação. Dessas, a mais diferenciada e curativa é a possibilidade de construir elos entre as partes de um todo, integrando, por exemplo, as várias áreas da sua mente.

Neste livro, sua INTELIGÊNCIA CURATIVA terá essa função de produzir ligações entre os seis temas de sua FÓRMULA PSÍQUICA, que formataram sua mente. Tal processo é de extrema importância, pois dentro do conceito de adoecimento mental reside justamente a quebra do todo em partes que deixam de se comunicar. Assim, sua Inteligência Curativa percebe todas as partes, fomenta as ligações entre elas e une-as de forma magistralmente harmoniosa, gerando a cura psíquica e física de suas dores. Essa cura, portanto, acontece pela reintegração dos elos esquecidos e perdidos de suas experiências traumáticas. Quando isso acontece em sua interioridade, produz-se um fenômeno evolutivo, vivencial e psíquico único.

Capítulo 04

FÓRMULA PSÍQUICA
A PROGRAMAÇÃO DA SUA MÁQUINA MENTAL EM SEIS TEMAS

OS NÃOS QUE A VIDA LHE IMPÔS	SUAS DEFESAS DE AUTOPROTEÇÃO E SOBREVIVÊNCIA	OS COMPORTAMENTOS QUE VOCÊ NÃO CONSEGUE DEIXAR DE REPETIR	OS PAPÉIS BÁSICOS QUE VOCÊ DESEMPENHA EM SUA VIDA	AS DECISÕES QUE DETERMINARAM SUA HISTÓRIA DE VIDA	OS SINTOMAS QUE VOCÊ DESENVOLVEU

Um salto qualitativo no patamar de conhecimento sobre você mesmo ocorre. Esse fenômeno alimenta sua consciência, que é algo como um órgão sensorial, porém de instância não material. A consciência tem a função de formar uma opinião ou uma ideia sobre o que percebemos. Nossa consciência é muito cortejada e também proporcionalmente temida. Mas é somente por meio dela que podemos nos libertar e curar nossas dores.

COMO CHEGUEI À FÓRMULA

Ao escutar as pessoas falarem sobre suas histórias de vida no início da minha carreira como psicoterapeuta e especialista nas áreas Clínica e Hospitalar, percebi o tom de repetição de seus problemas e sintomas. Um ciclo vicioso sem-fim. Já havia visto o conceito de Fórmula para desvendar algumas tramas psíquicas, como a Fórmula do Argumento de Vida, de Eric Berne (1910-1970). É um tema fascinante, que considero uma das mais importantes contribuições à Psicologia contemporânea. Integrando seus conceitos às minhas observações clínicas e somando as definições acerca das neuroses em todas as teorias de personalidade, percebi o aspecto recorrente de uma trama mental que poderia ser descrita como uma engrenagem em funcionamento. Daí cheguei ao conceito de Fórmula Psíquica por meio de um trabalho de desenvolvimento clínico e de prática psicoterapêutica que durou anos.

A Fórmula é uma confluência de linhas humanistas de pensamento da Psicologia contemporânea. Inicialmente o método foi posto em prática com psicoterapia em grupos e, em 2006, apresentei formalmente o trabalho "Psicoterapia Temática em Grupo" no 16th International Congress of Group Psychotherapy. Realizado em coautoria, o artigo introduz os conceitos em psicoterapia como um processo temático, com base em um princípio de intencionalidade na relação cliente-facilitador, dirigido e sequencial. Se você não é psicólogo, talvez esses detalhes não sejam tão relevantes, mas é como posso explicar que o método que estamos vivenciando aqui tem embasamento.

Capítulo 04

A partir dessas referências teóricas e práticas, foram criadas novas formatações e temas. Então, fundei o Centro de Estudos da Mente (CEM), com diferentes atividades desenvolvidas, até chegar na proposta que apresento neste livro, que é fruto de uma caminhada de vinte anos. Nesse tempo, o mundo mudou muito, não há dúvida. Minha atuação leva seriamente em conta as necessidades dos indivíduos contemporâneos. As novas formatações surgiram justamente das atuais demandas das pessoas. Numa sociedade acelerada, por exemplo, era urgente que o atendimento passasse a ter como prioridade a questão do tempo. Mais eficiência, mais proatividade dessas pessoas, dentro de seus processos.

Minha proposta tem como missão tirar a psicoterapia das quatro paredes do consultório e colocar suas ferramentas de autoanálise e autodiagnóstico na rua, na casa, no trabalho, no ônibus, no avião ou em qualquer lugar que você estiver. Importante: não estou falando sobre se automedicar. Meu objetivo é tornar você um agente ativo no seu processo de cura de sua História de Vida, é proporcionar uma psicoterapia ativa e curativa em parceria, no seu aqui e agora.

A autoanálise e o autodiagnóstico têm a função de catalizadores, de um processo de reconexão consigo. Esse processo ajuda a construir consciência e diálogos, como forma de compreensão sobre como você funciona em sua vida. Eles são passos imprescindíveis, que precedem ações mais eficientes em direção à cura das dores de sua História de Vida, como:

- Escrever sobre e para você;
- Agir proativamente em busca de soluções eficientes para seu caso, que podem abranger:
    - busca de profissionais adequados;
    - mudança de hábitos e comportamentos;
    - tomada de decisões saudáveis para mudança de estilo de vida.

Essas novas atitudes com certeza contribuirão, inclusive, caso você faça algum acompanhamento médico ou psicológico especializado.

São ferramentas complementares a qualquer tratamento que venha a realizar.

A COMPOSIÇÃO DA FÓRMULA PSÍQUICA

O que batizei de Fórmula Psíquica é uma composição de inúmeros elementos. Conhecê-la torna você capaz de promover o autoconhecimento partindo do desbloqueio de seus pontos de fixidez e tensão doentia, libertando sua mente para funcionar de forma mais livre e ascendendo a um plano maior de resgate do seu Poder Pessoal. Lembre-se: seu Poder Pessoal é seu maior capital na vida moderna.

Sua viagem interior em busca de sua reconexão consigo, única forma de cura revolucionária, passa por três fases:

1 – Liberação da Dor

Acessar as dores reprimidas como forma de libertação de suas experiências traumáticas, que geraram seus problemas e sintomas. Esse acesso se dá de uma forma pedagógica e com instruções para que você possa entrar em sua mente, iluminando e construindo consciência nesses temidos lugares de morada das suas dores. O objetivo é conquistar o direito de vivenciá-las, buscando outros significados para seus traumas. Nesse processo, você ganha um porto seguro onde antes havia aprisionamento, compulsão e repetição.

2 – Abraçar a Aceitação

Aceitação se constrói com consciência. O enfrentamento das verdades do que vivemos não nos mata – pelo contrário, nos liberta. Aceitar é quebrar o pensamento mágico de criança, que, por autodefesa, dá origem ao afastamento da realidade através da negação e repressão das vivências traumáticas. Ou seja, fingindo que aquilo que era ruim não aconteceu. Essa quebra é realizada ao enfrentar esses lugares defendidos, trancados, agora em fase de conquista e abertura. A aceitação se dá pelo reconhecimento maduro e atualizado dos fatos vividos em sua História de Vida, que hoje você já pode desvendar, cuidar e abarcar, como um ato de amor e proteção.

3 – Solucionar e Prosseguir

Esse é um ganho fundamental nessa jornada de autoconhecimento. Libertar sua Inteligência Curativa, sua Inteligência Emocional e sua Inteligência Racional para funcionar a seu favor. Ser inteligente é também saber solucionar problemas e ordená-los de acordo com prioridades. Observe a extensão e a repercussão deles em sua vida: solução de seus problemas afetivos, familiares, profissionais, materiais, existenciais. Seu Poder Pessoal emana dessa libertação para que você reescreva os próximos capítulos de sua História de Vida.

> A Fórmula Psíquica é a matriz de seus conflitos psíquicos e do consequente adoecimento físico. Está baseada em informações estruturadas, temáticas e sequenciais, que descrevem o funcionamento de sua mente. Conheça os caminhos a serem trilhados e acione sua chave de mudança!

Como você já sabe, a Fórmula Psíquica foi constituída na sua infância, até seus 8 anos. Seus problemas normalmente não vêm do último conflito que você teve. Estamos falando de um processo inconsciente que precisa se tornar consciente em sua vida adulta, para trazer maturidade e sabedoria, para que esse círculo nocivo seja interrompido e encerrado e você possa desfrutar de uma jornada mais feliz e genuína.

O diferencial em relação aos outros métodos é o incentivo à descoberta dos seus pontos de bloqueios mentais, os tais laços sufocantes, para você solucionar seus problemas com potência e eficiência e também curar as dores de sua História de Vida. Descobrir os pontos de bloqueio significa acender luzes de percepção sobre as sombras da sua mente. E é o que vamos fazer nos próximos capítulos.

A conexão entre o inconsciente e o consciente abre portas para lugares que já lhe pertencem. Sem conquistar esses lugares interiores, sua vida real não pode contar com o melhor de você mesmo. A chave que faltava, a permissão para entrar, está neste livro.

A PROGRAMAÇÃO DA SUA MÁQUINA MENTAL EM SEIS TEMAS

Um dos recursos que usamos para acentuar a aquisição perceptiva é escrever sobre e para si. Escrever dessa forma é um ato de amor curativo, que reforçaremos durante sua Jornada de Autoconhecimento, por meio da Fórmula Psíquica.

Nos capítulos a seguir, apresentarei cada tema da Fórmula pedagogicamente, com planos de ação e de cura para facilitar sua compreensão e autodiagnóstico, acompanhados ainda por relatos reais de pessoas que já fizeram essa jornada e estão contribuindo generosamente para nossa ciranda evolutiva. Pensando nisso, proponho que você leia o relato especial que Yasmin, advogada, escreveu aos 39 anos. Muitos dos termos que ela destaca podem parecer estranhos agora, mas vou assumir esse risco. Minha vontade é que você vislumbre o caminho inteiro de alguém e que se anime a trilhar o seu próprio.

Estou amando conhecer mais o funcionamento da minha mente, pois me sinto mais real, mais humana e mais consciente do que se passa. Aceito com mais maturidade e clareza que a vida é feita de altos e baixos, momentos tristes e alegres, e que se trouxermos os sentimentos para a consciência, por meio da conexão com nós mesmos, sairemos mais maduros e mais rapidamente dos momentos de crise. Saberemos escolher melhor as batalhas que vamos lutar. Antes, eu me cobrava excessivamente para estar sempre bem, alegre, forte e resolvida. Aprendi a colocar as coisas em ordem e chegar a um equilíbrio saudável e humano. O ponto alto da minha mudança, com a aquisição de tanta consciência, foi me fazer mais presente em tudo, principalmente comigo mesma, o que me permitiu estar mais presente especialmente na maternidade. Sinto-me realizada hoje com meu feminino e a maternidade, e isso foi um ganho enorme na minha vida. Consegui criar vínculos fortes com meus filhos e isso me trouxe uma plenitude que me deixa extremamente feliz e bem resolvida. Para isso, usei e ainda vou usar muito o diálogo comigo mesma e um olhar interior. Aprendi a ser mais agradecida, a ecoar e pontuar os questionamentos que acho importantes. Sinto-me mais vinculada, mais real, vivendo mais intensamente meus momentos. Tenho consciência do meu roteiro de vida e que minha meta é criar vínculos mais fortes. Antes, eu pensava em propósitos "maiores". Hoje, coloquei o meu dia a dia como meu principal propósito, sendo uma pessoa melhor e mais presente dentro da minha rotina. Quero colocar mais leveza e aceitar a fragilidade da vida com mais naturalidade. Decidi ter uma vida mais leve, ser menos julgadora, mais otimista e me permitir ser mais feminina. Isso inclui também uma melhor aceitação das pessoas como elas são. Não quero mais mudá-las, mas simplesmente aceito o fato natural de que cada um tem suas limitações, sua evolução, sua criação e seu modo de se posicionar na vida. A partir do momento em que começo a aceitar isso com mais leveza, a energia que vou emanar para as pessoas que me incomodam ou falam algo com que eu não concorde será mais leve. Acredito que assim elas também vão me passar uma energia mais leve. Estou aprendendo a ser sempre mais agradecida, nos pequenos e grandes detalhes do dia a dia. Um simples bom-dia em casa, quando acordo, me faz muito feliz. Permitir-me ser mais vulnerável com as pessoas que escolher, as que merecem participar das minhas fraquezas, meus medos e minhas angústias. Filtrar mais o que vejo, o que ouço e o que leio. Permitir-me escolher as lutas que vou lutar, os lugares onde quero estar, com quem quero estar e como gastar minhas energias. Já não me sinto tão cansada e sem rumo. Sei onde quero estar. Depus a espada que sempre empunhava. Hoje observo mais atentamente quando estou agindo com raiva e ironia. Já atuo com menos estrago e consigo parar antes de me arrepender. Analiso as situações com mais consciência e estou aprendendo a pedir desculpas quando ajo errado. Sinto-me muito melhor depois de pedir desculpas. Creio que estou perto de algo que sempre desejei: a capacidade de conseguir perdoar para viver mais leve. Isso tem refletido no meu relacionamento conjugal. Estamos mais próximos, com mais intimidade e partilhas. Já não me distancio dele e não permito mais darmos as costas um para o outro. Vejo no meu caminho uma vida mais plena, com mais união, mais amor com entendimento, muitas alegrias em minha família que tanto amo e muitas celebrações com meus amigos. Peço sempre muita proteção para que eu continue evoluindo todos os dias. – Yasmin, 39 anos, advogada.

Depois dessa leitura, observe se você consegue sentir os benefícios das permissões de vida alcançadas por Yasmin. Ela agregou novos significados em toda sua nova e verdadeira História de Vida. Com pulso e consciência, tornou-se autora e protagonista. Saiu de um lugar de sobrevivente para o de senhora de sua própria trajetória. Viu como pode ser real e factível uma mudança total dos rumos de sua vida? Você tem aqui um guia maravilhoso para ajudá-lo na sua missão de REESCREVER sua História de Vida, ser também autor e protagonista dela. Estou estendendo minha mão a você. Vamos?

RECONEXÃO E ESCRITA – FAÇA UM DIÁRIO

RECONEXÃO é a palavra-chave a partir de agora, é o único caminho para o que precisamos alcançar, ou seja, a cura de sua História de Vida. Então, faço um convite a você: escreva um diário. Escrever sobre você e para você é um ato criativo e profundamente curativo. Escolha um caderno, um bloco de anotações, seu computador, o que preferir, desde que seja um lugar especial onde será registrada a conexão com sua essência, por meio de seus traços próprios.

As ideias, memórias e a imaginação vão revelar suas pegadas nos caminhos de sua História de Vida. Não importa se de início forem palavras soltas, pequenas frases, alguns parágrafos, lembranças ao vento. TUDO vale! São fragmentos de você que, somados à leitura deste livro, formatarão seu mosaico interior.

Sugiro que as primeiras palavras do seu diário sejam:

Minha História de Vida...

Parabéns! Como contei, tenho uma longa vivência como facilitadora do encontro de tantas pessoas consigo mesmas. Sei bem que cada passo e cada trajetória são importantes, portanto, entendo que se trata de um excelente começo!

Ao escrever sobre a importância dos vínculos como principal fonte de comunicação consigo e com o outro, vamos criar uma forma de repensar como eles estão se processando em sua vida. Além da escrita, gráficos e desenhos ajudam muito nosso processo. Não há necessidade de saber desenhar bem, podem ser traços simples, para organizar os pensamentos.

Proponho que você construa sua malha de vínculos. Acompanhe a seguir.

Passo 1 – No centro do papel, trace um círculo, que representará você. Os demais círculos vão ser dispostos em redor.

Passo 2 – Faça agora círculos para representar as pessoas com as quais você se relaciona hoje: pai, mãe, irmãos, amigos, colegas de trabalho, cônjuge, filhos.

Passo 3 – Saindo de você até a outra pessoa, use uma das três representações de traçado abaixo, para caracterizar a natureza de seu vínculo com essa pessoa. Importante: indique com uma seta a direção desse traço.

Linha para vínculos fortes _____
Tracejado para vínculos frágeis _ _ _ _ _ _ _ _ _ _ _ _ _ _ _ _ _
Pontilhado para vínculos inexistentes ....

Passo 4 – Agora, faça o oposto. Lembre-se de que as relações nem sempre têm a mesma intensidade entre as pessoas. Faça os traços saindo dos outros até você, escolhendo entre linha, tracejado e pontilhado. Não se esqueça da seta!

Eis um exemplo:

Observe seu desenho, reflita e escreva em seu diário:
- Que tendência você nota nos vínculos que partem de você para os outros? A maioria é forte, frágil ou inexistente?
- Como é a maioria dos vínculos que parte dos outros e chega a você?
- O que essas tendências dizem sobre você em relação à construção de vínculos em sua vida?

A conexão entre o inconsciente e o consciente abre portas para lugares que já lhe pertencem

CAPÍTULO 05

FÓRMULA PSÍQUICA – TEMA I
OS NÃOS QUE A VIDA LHE IMPÔS

O QUE VIVEMOS COM QUEM ESTEVE CONOSCO EM NOSSA INFÂNCIA até o início da adolescência tem o poder de nos influenciar por toda a vida. Seres essencialmente relacionais como somos, tendemos a acreditar que o que mais nos marca é o que ouvimos dessas pessoas e o que dizemos a elas. Vamos quebrar essa falsa crença. Nossa comunicação verbal tem um peso de apenas 10%, aproximadamente, nesses registros do passado. Saiba que é o comportamento das pessoas mais próximas e significativas que mais nos afetam, principalmente durante a infância.

Uma mensagem para os pais que estejam lendo isto agora: o que você diz aos seus filhos pesa muito pouco naquilo que ele vai apreender de você. Seu comportamento e suas atitudes são o que contam maciçamente para a gravação dessas memórias e aprendizados. Sua conduta é mais potente do que suas falas. A maneira como você age revela seu entendimento do mundo, seu dia a dia, ao longo de toda a sua vida. São comportamentos que se repetem milhares de vezes diante do olhar dos seus filhos, por todo o seu relacionamento com eles. Suas atitudes enviam mensagens muito poderosas, transformando seus filhos em *experts* para decodificá-las.

> Aqui vai um ditado popular: "As palavras ensinam, os comportamentos arrastam".

Desacelere um pouco a leitura nesse instante. Reflita. Fale comigo sobre como você se lembra de seus pais quando era uma criança. As pessoas mais presentes em sua criação determinaram em grande parte os seus próprios comportamentos até agora, que se tornam repetitivos e sobre os quais você quase não reflete. É assim que são transmitidos os padrões sociais, culturais e familiares que vamos reproduzir, sem consciência, em nossa vida. E veja que o que seus pais transmitiram a você são comportamentos também repetitivos de seus avós, e daí por diante. No entanto, é possível que algo se modifique, em maior ou menor intensidade. O QUE faz diferença nesse processo é a consciência que você pode construir a partir de tudo isso.

> "Minha dor é perceber que apesar de termos feito tudo o que fizemos, ainda somos os mesmos e vivemos como os nossos pais.[2]"

A dor a que se refere a letra dessa canção tem a ver com o fato de que, ao "repetirmos" nossos pais, deixamos de ser nós mesmos. Acredito que essa seja a dor do autoabandono. Ela não vem quando somos pequenos e somos essa esponja que absorve tudo com intensidade. Vem depois que crescemos. Você pode estar se perguntando qual o problema em ser assim. Eu digo que é o alto risco de que essa herança pode ser altamente repressora sobre quem nós realmente somos.

Neste ponto da nossa conversa, podemos responder a uma das perguntas apresentadas antes: *O que fizeram comigo?*

Vamos nos lembrar do depoimento da Marli, no Capítulo 3. Perceber que repetia o jeito de ser de sua mãe e de sua avó, mulheres de personalidade

---

2. Trecho da música "Como Nossos Pais", de Belchior, e famosa na voz de Elis Regina. COMO Nossos Pais. Intérprete: Elis Regina. In: FALSO brilhante. Rio de Janeiro: CBD-Phonogram/Philips, 1976. Faixa 1.

forte e com dificuldades em construir relações afetivas, provocou-lhe uma dor enorme. Ela entendeu que não teve chances de conhecer e desenvolver seus próprios pensamentos, comportamentos e sentimentos. Marli não confiou em si mesma e depois passou a não confiar nos outros. Marli não aprendeu como se expressar sendo ela mesma.

Escolhi três das mais importantes formas repressoras de nós mesmos, que apreendemos dos comportamentos mais constantes e repetitivos de nossos genitores ou de quem nos criou. São os três maiores NÃOS que recebemos em nossa vida:

1. NÃO PENSE
2. NÃO SINTA
3. NÃO SE EXPRESSE

Vamos decifrar cada um desses NÃOs e a forma como delinearam sua História de Vida. Eles mostram o pano de fundo do nosso inconsciente, que não conseguimos enxergar até agora. Mas são eles que determinam todo o curso de sua vida. Vamos, enfim, enxergar o que é preciso. Agora, você precisa demonstrar que já pode participar ativamente, de forma construtiva, de seu processo de conscientização, resgate, cura e libertação.

1 – NÃO PENSE

Sua mente é ligada fisicamente ao cérebro. Ele é um computador que percebe, armazena e decodifica todas as mensagens que recebemos. Se mente e cérebro são responsáveis pelos pensamentos e ideias em todos os níveis, se formam a base de sustentação da nossa identidade, imagine então os danos causados quando sofremos bloqueios e impedimentos na fase de crescimento, na nossa formação. Os comportamentos prejudiciais mais recorrentes das pessoas que o criaram provavelmente estão ao seu redor ainda. Você agora pode começar a decodificá-los pensando nos seguintes exemplos:

- Em uma casa onde quase não há livros, exigir dos filhos que sejam bons leitores. Como é possível que gostem de livros se os pais não têm esse hábito?
- Em um dia a dia em que não se tem o costume de conversar sobre assuntos importantes e falar dos problemas – em que a criança é sempre "tirada da sala" quando se discutem questões familiares, por exemplo –, cobrar abertura, franqueza;
- Esperar independência de quem não recebeu incentivo para tomar sequer pequenas decisões por si e expressar pensamento próprio. Quando os pais resolvem as lições de casa das crianças, por exemplo;
- Ter um ambiente de respeito e empatia numa casa onde frequentemente as falas são cortadas, não consideradas ou as perguntas não costumam ser respondidas;
- Usar o copiar-colar direto da internet para respostas imediatas e superficiais, substituindo os questionamentos e os passos sucessivos para encontrar as soluções pelo raciocínio e a pesquisa em fontes variadas. Situações em que o ensaio e o erro são substituídos pelo imediatismo do toque digital, em vez de empregá-lo como fonte de aprendizado.

> Todos os comportamentos repetidos por muitas e muitas vezes têm um poder de mandar mensagens subliminares poderosíssimas, como: *não pense*; *você não vai conseguir pensar*; *deixe que eu pense por você*; *deixe que os outros pensem por você.*

Na alquimia de percepções distorcidas, as mensagens se transformam em falsas crenças, que você replica sem refletir, como se fossem verdades inquestionáveis. Crenças como: *não sou tão inteligente*; *não sou capaz de escrever uma linha; não posso falar o que penso, pois estou sempre confuso; não sei ter opiniões sobre diversos assuntos; tenho vergonha de expressar ideias; não sou interessante naquilo que falo; não tenho domínio das palavras, elas me fogem, sinto um bloqueio mental; tenho que usar máscaras como profissional para não transparecer minhas inseguranças.*

Todas essas mensagens gravadas de forma inconsciente em sua mente formataram uma estrutura, impedindo o desenvolvimento integral de sua potencialidade e de sua capacidade de raciocínio, tanto concreto quanto abstrato. Pode ser que você tenha desenvolvido bloqueios de raciocínio dos quais nem se dê conta! Como consequência, você preencheu essas lacunas de pensamentos mais elaborados com crenças e condicionamentos, sem poder analisar e derrubar suas bases falsas.

Nos nãos estão as origens de suas dificuldades para exercer seu Poder Pessoal, estão muitas das causas de fracasso escolar e profissional, insegurança e confusão para expressar ideias, bloqueio nos processos de escolhas importantes. Muitas pessoas sentem preguiça, outras até vergonha no ato de pensar. Mais ainda: infantilizam sua consciência ao se fixar em um ponto regressivo da sua evolução, causado por tantos bloqueios em seus processos de desenvolvimento.

Para facilitar sua compreensão sobre este grande NÃO PENSE de que tratamos, segue o relato de uma pessoa que fez comigo sua Jornada de Autoconhecimento pela Fórmula Psíquica.

O que é melhor ou pior? O que é certo ou errado? Obviamente não aprendi a pensar sobre isso, acatei tudo o que vinha dos meus pais. Afinal, eles tinham sofrido tanto e eu não podia de maneira alguma ir contra eles. Pensar com minha própria cabeça era algo inviável; eu nem sabia por onde começar. Tive que aceitar tudo, engolir tudo e tocar a vida. Achava que os outros eram normais, só eu é que estava errada ou era esquisita. Meu pai dizia que nós, de nossa ascendência, éramos uma raça especial, mais inteligente, enfim, melhor que os outros. Isso causou uma confusão na minha cabeça. Sempre oscilando: ora me sentindo o máximo, ora o mínimo. Não pensar, para mim, também tem a ver com não estar presente naquele momento, não ter os pés no chão. Eu deveria continuar invisível para mim mesma e para o mundo. Nesse momento, entrei em confusão. Foi difícil entrar nessa história, a cabeça ficava toda embaralhada. Sentia-me confusa e profundamente só. Mas conseguia chorar, e o choro me trouxe de volta à realidade. – Vivian, 49 anos, desenhista.

***

Pare por um tempo a leitura e reflita sobre como o NÃO PENSE se manifestou na sua vida. Respire fundo por algumas vezes, para entrar numa conexão íntima com você. Perceba tudo que veio à tona e grave em sua mente.

2 – NÃO SINTA

Vamos falar de seu emocional agora, outro grande pilar de sua identidade. Pensar e sentir são as formas de exteriorização do nosso EU que mais nos diferenciam dos demais. Temos formas únicas de expressão dos processos psíquicos. Nossa vida emocional está relacionada às formas de reação aos estímulos do meio que mais nos impactam, visceral e intuitivamente. É de onde extraímos Inteligência Emocional, Inteligência Curativa e os processos criativos da mente, outro grande ponto de diferenciação.

Nossa vida subjetiva está baseada nessas formas de percepção e elas atuam no nosso equilíbrio emocional. Compreendendo a extensão e as funções essenciais das emoções, logo podemos focar em como elas estão estruturadas.

De acordo com Eric Berne, criador do método de Análise Transacional, existem apenas cinco emoções autênticas: amor, alegria, tristeza, raiva e medo. Nesse momento, você pode estar se perguntando sobre aqueles sentimentos que chamamos de ruins e com os quais também nos envolvemos cotidianamente, como vergonha, ódio, ressentimento, vingança, mágoa, culpa, ironia, mania, desafio, ansiedade, fobia, pânico, depressão, rancor, pena, desprezo, indiferença, entre outros. Esses sentimentos são disfarces das cinco emoções verdadeiras, considerando que somos reprimidos a expressá-las.

> Trocamos as verdadeiras emoções pelos disfarces, pois eles são mais aceitos, reforçados e conhecidos nas relações interpessoais. Essa troca provoca um tumulto sem controle na sua vida emocional.

Todas as vezes em que você se pegar num disfarce emocional – a culpa, por exemplo –, significa que você está reprimindo uma emoção verdadeira que não sente permissão para acessar livremente. Em determinadas situações, trocamos uma emoção por outra, a raiva pela tristeza, por exemplo, chorando muito quando deveríamos gritar, berrar, reagir aos ataques. Perceba como o manejo de nossa vida emocional não é tão fácil. Essas dificuldades foram aprendidas na atmosfera emocional das relações familiares em sua infância:

- Quando no ambiente houve uma economia de carícias e de contato espontâneo das cinco emoções básicas;
- Quando os membros da família não conseguiram expressar as cinco emoções básicas, ou por não saberem como ou por não ter aprendido adequadamente – o que tem a ver com os processos de repetição.

As famílias expressam a alegria de diversas maneiras. Há casas de ambiente mais seco, austero, enquanto outras são leves e festivas. Nem sempre isso é autêntico. Há famílias em que as pessoas são muito falantes, festeiras, mas o barulho e o tom alto de voz na verdade só fazem com que ninguém se escute – o que parece alegria nem sempre é. Há famílias que adotam os disfarces da raiva, entre brigas, ironias, intolerância, afrontas, xingamentos fáceis, mágoas, ressentimentos, ódio e vingança. Há também aquelas famílias que transformam tudo em drama e a tristeza é disfarçada de angústia, depressão, melancolia e ansiedade. Há ambientes familiares onde não se tem permissão para sentir medo, ora disfarçado de fobia e pânico, ora de desafios, como esportes radicais e vivências baseadas em excesso (de velocidade, de superação de limites físicos). Outro disfarce importante é quando o amor é trocado pela paixão ou pela sedução. A necessidade de uma pessoa estar sempre apaixonada resulta numa busca incessante e frenética, que não alimenta o coração nem a alma.

Todos esses desvios das emoções autênticas alimentaram falsas crenças sobre os sentimentos. Verifique se existe algum desses sintomas em você:

- Dificuldade de identificar o que sente;
- Mais facilidade para reprimir as emoções do que demonstrá-las;
- Sensação de sofrimentos ao liberar os sentimentos;
- Sensação de imaturidade emocional.

Como disse antes, conhecer a experiência de outras pessoas funciona como um espelho. Leia este próximo relato e tente perceber se há alguma relação com suas vivências.

Aprendi que não podia sentir minhas emoções. Quase nada delas. Fingia que não sentia nada quando percebia a vinda de alguma emoção. Desenvolvi uma capacidade enorme para suportar a dor e a tristeza. Lembro-me do pânico que senti quando minha mãe morreu. Eu tinha 9 anos. Não pude expressar essa dor, por ser homem (um menino). O que pude foi fazer xixi nas calças sempre que a dor vinha. Não pude chorar por sua morte. Cheguei até a elaborar e achar vantagens em não ter mãe. Também criei um mecanismo de me dessensibilizar em relação às outras

emoções. Ficava ausente da situação e das pessoas que as provocavam. Era como se não eu estivesse ali, apenas meu espectro. Assim, nada me atingia. Imaginava até estar no espaço como um astronauta, fora da atmosfera da Terra, protegido pelo meu uniforme antitudo. Tornei-me um adulto que se defende dos próprios sentimentos. Transformei muitas possibilidades de amor em paixão. Às vezes, muito raivoso. Às vezes, muito triste e medroso. Preferia me retirar quando era convidado a sentir algo. Rompi muitos relacionamentos quando colocavam em perigo meu arsenal defensivo para minhas emoções. Experimento ainda hoje muita solidão.
– Patrick, 52 anos, analista de sistemas.

***

Seu emocional é um pilar do seu ser. É importante dimensionar os impactos que você está percebendo agora. Pare por um tempo a leitura, abrace o livro ou o coloque de lado para refletir sobre como você expressa suas emoções normalmente.

3 – NÃO SE EXPRESSE

Expressar é a melhor forma de comunicar o que existe em seu mundo interior. Aqui, a palavra tem este sentido específico: demonstrar o que há por dentro, dar vida e forma ao seu Eu Interior único. É concretizar suas realidades subjetivas como pessoa; é formatar uma imagem pessoal; é revelar seu inconsciente para tornar-se consciente e presente em sua vida; é deixar de reprimir e de rejeitar o que nos pertence e que está em nossa interioridade, esperando oportunidades para existirem em nossa vida real; é caminho para se tornar dono de si mesmo.

Cada bloqueio, cada NÃO, em sua formação provoca uma defesa que faz com que você acabe por reprimir sentimentos e não mais se dar conta do que foi guardado no baú do inconsciente.

> Quando você consegue expressar algo que lhe pertence e que está em seu mundo interior, suas vivências são validadas. Iluminadas, ganham novamente significado.

As POTENCIALIDADES, inerentes à nossa natureza única como pessoas, VIBRAM EM NOSSA INTERIORIDADE procurando formas de viabilização real. Essas potencialidades são nossa inteligência tão múltipla; nossa capacidade de raciocínio – lógico, abstrato, concreto ou criativo; toda nossa emocionalidade, que contém um mundo inteligente e intuitivo inesgotável; todo o campo psíquico, com energias sutis e ávidas por evolução e transcendência. E, a meu ver, esse cenário é belo e instigante.

Vou compartilhar uma experiência que faz parte de um dos capítulos da minha História de Vida e que talvez contribua para esclarecer melhor as dimensões do NÃO SE EXPRESSE.

Venho de uma família classe média baixa. Meu pai era comerciante e minha mãe, uma "prenda do lar", como se falava na época. Nunca nos faltou nada. Vivíamos de forma simples e confortável. Meu pai tinha até um carro na virada para a década de 1970, uma caminhonete Ford, branca e verde, que ficou marcada na minha memória. Ele costumava sair da nossa cidade, no Triângulo Mineiro, para fazer compras em São Paulo. Eu, menina, entre 7 e 9 anos, expressei meu gosto pela música e interesse especial pelo piano – algo absolutamente inexistente em meu entorno social e familiar. Insisti e lutei muito para conseguir estudar esse instrumento. Sem receber ajuda, descobri professores, lugares para comprar livros de partituras e fazia aulas durante a semana. Ouvia dos meus familiares frases como: "Música não enche barriga", "Piano é para gente rica", "Abaixe o volume deste rádio" quando eu escutava música clássica e piano.

Capítulo 05

Persistente, continuei meus estudos, mesmo sem ter piano em casa para praticar. Usava emprestado o piano do colégio Arquidiocesano, onde eu cursava o primário. Um dia, já com 11 anos e no quinto de piano, meu pai foi para São Paulo mais uma vez, para suas compras. Pedi insistentemente que me comprasse um piano. Podia ser pequeno e usado. Na volta, ao descarregar suas compras, para minha surpresa havia duas máquinas de costura novinhas em folha, uma para mim, outra para minha irmã. Nada de piano! Sim, para estudar piano, tive de ceder: ser obediente e fazer "cursos de uma moça prendada". Eu e minha irmã então assistíamos às aulas de pintura em tecido e em porcelana, de tricô, de bordado e corte-costura. Claro que minha irmã se destacava nessas aulas, enquanto meus resultados eram sofríveis. Lembro-me da dor imensa no meu peito nesse dia em que, em vez de piano, chegaram as máquinas de costura. A mesma dor que sentia quando ninguém da minha família estava presente nas minhas audições de final de ano no colégio. Nem mesmo nas ruas da cidade para me ver tocando escaleta (tipo de piano de sopro) na fanfarra de meu colégio. Bom, final da história: aos 15 anos desisti da música e meus estudos de piano permaneceram incompletos. E sempre dói tirar essas lembranças do baú do meu inconsciente.

Aí que reside a gravidade deste NÃO SE EXPRESSE na sua vida. É um impedimento, um bloqueio à sua existência e à sua evolução. Bloqueio que é efetivado por meio da fala ou do silêncio de quem cala; por meio das ações ou da paralisia, da contração; por meio do contato e do toque ou do distanciamento; pelo sentir e pensar ou a alienação. Bloqueio do processo criativo, qualquer que seja ele, de sonhos e desejos íntimos. Cada pessoa vivenciou bloqueios em menor ou maior grau. Em algumas áreas, sim, e em outras, não.

Todos esses bloqueios alimentam falsas crenças sobre você mesmo: *eu não sou importante o bastante; melhor não aparecer muito para não ser notado e criticado; melhor eu não existir; eu não sou bom o bastante; todos são melhores do que eu; tenho só um grande vazio dentro de mim; eu não me compreendo e ninguém vai me entender.*

NÃO SE EXPRESSE – um relato

Não me expressar para deixar de ser um incômodo. Isso podou qualquer manifestação minha, inclusive quanto à minha feminilidade e sexualidade. Meu pai sempre quis um filho homem. Eu não queria desagradá-lo e nunca pude viver e me sentir mulher de verdade. Isso me foi proibido. Não podia expressar minhas dores, tanto físicas como emocionais. Acreditava que minha mãe era frágil e que eu deveria protegê-la. Eu só queria sumir, ser invisível, não existir para deixar de ser um incômodo. Na minha família não se discutia, sempre havia um que tinha razão e os que acatavam – eu, por exemplo. Graças a isso, não aprendi a me expressar, enfrentar qualquer tipo de questionamento e não aprendi a discutir. Em casa, as comunicações eram expressas com muitas brigas. Os conflitos e as carências emocionais não tinham espaço também, não eram reconhecidos e, portanto, não existiam.
– Aline, 38 anos, professora.

***

Agora, por alguns instantes, pare novamente a leitura para uma breve reflexão.

PLANO DE AÇÃO E CURA COM AUTOANÁLISE E AUTODIAGNÓSTICO

Primeira Ação – Reflexão

Para você mergulhar no mantra **Foco, Ação e Cura Já**, vamos trabalhar a construção de sua consciência sobre si e sua participação ativa é primordial nesse processo. Vamos iluminar seu inconsciente e alimentar sua Inteligência Curativa, executando juntos os próximos passos.

Medite sobre como os nãos que a vida lhe impôs impactaram você. Só então preencha a lista a seguir de acordo com a intensidade que você percebeu em sua análise íntima. Use os códigos (**L**) para leve, (**M**) para moderada, (**F**) para forte e (**I**) para intensa.

1. Não pense ( )
2. Não sinta ( )
3. Não se expresse ( )

Segunda Ação – Diário

Depois de refletir e preencher a lista, vamos para um passo muito importante na sua reconexão.

Dê atenção às possibilidades de saída, iluminando seu interior. Materialize seu solilóquio em palavras curativas. O diálogo consigo pode abrir portas para que você saia desses lugares internos escuros, onde sua permanência já foi longa demais. Escrever sobre e para você é outro ato curativo, de grande valor em seu psiquismo. Vamos usar essa poderosa forma de comunicação interior, alimentando as funções especiais de sua Inteligência Curativa.

Reflita e continue a escrever no diário que você já começou sobre como os nãos que recebeu impactaram sua História de Vida. Tome como referência os relatos que leu. Escreva sempre na primeira pessoa e do ponto de vista que tem agora. Por exemplo: *Eu vivi em minha vida o "não sinta", que refletiu em mim de forma muito intensa, com muita vergonha do que percebia dentro de mim etc.* Você precisa participar ativamente nesses encontros transmutadores, que o levarão a lugares diferentes dos que conhece até agora. Experimente, você pode!

Meu relato sobre os meus NÃOs em minha História de Vida:

SEARA DA CURA

Uma grande caminhada foi vivida até aqui. Você andou por searas íntimas que ultimamente estiveram dominadas pelos outros, mas que, não tenha dúvida, pertencem a você. Esses campos precisam ser reconquistados. Você acessou lugares antes escuros e os iluminou com sua tomada de consciência sobre eles. Esse é só o começo. É a SEARA DA CURA, o desenvolvimento de sua Inteligência Curativa.

Temos ainda mais cinco belos caminhos a serem percorridos nos próximos capítulos. Nessa Jornada de Autoconhecimento por meio da Fórmula Psíquica, vamos desatar os laços sufocantes que causam sua dor.

FOCO, AÇÃO E CURA JÁ!

CAPÍTULO 06

FÓRMULA PSÍQUICA – TEMA II

Suas defesas de autoproteção e sobrevivência

ESTAR COM VOCÊ MESMO É A MELHOR EXPERIÊNCIA QUE PODE SER construída e sentida, e desse encontro todo o poder do mundo pode renascer. Você tem uma força interior que é fonte inesgotável em seu Ser. A conexão com essa fonte pode ser bloqueada pelos ataques do meio à sua integridade íntima e única.

Existe uma parte sua cuja função é intermediar a relação da sua interioridade com o mundo externo. Essa parte teve que estruturar várias artimanhas defensivas de adaptação, a fim de resistir e de sobreviver. Estamos falando do famoso Ego. O raciocínio, portanto, é: ataque ao Eu Interior resulta em defesa (autoproteção) para resguardar sua sobrevivência psicológica e física. No esquema a seguir, você pode visualizar melhor esse processo.

tensão

EU — ✻ — MUNDO

(desejo ser)   (reprime)
EU VERDADEIRO   PERSONA
                             MITO

↓

CONFLITO

↓

DOR

[FÓRMULA PSÍQUICA]

Imagine ainda que nessa luta por autopreservação você não disponha de ferramentas adequadas e não tenha como fugir. Então, o Ego cria suas artimanhas, tentando – veja bem, apenas tentando – proteger você das dores da guerra entre seu mundo interno (eu) e o mundo externo (outros). Não esqueça que tudo isso ocorreu principalmente até seus 8 anos, com os parcos recursos psíquicos que uma criança tem, e que, depois, por puro condicionamento, você passou a repetir essas estratégias ao longo da sua trajetória de vida. Entre as principais defesas estão:

1. NEGAÇÃO
2. CONFLUÊNCIA
3. DEFLEXÃO
4. INTROJEÇÃO

Vamos apresentar aqui essas quatro táticas básicas de autoproteção que o seu Ego costuma orquestrar.

1 – NEGAÇÃO

Quando a mente de uma pessoa arquiteta a negação, quer dizer que ela passa a filtrar o que não suporta sequer perceber entre os ataques do meio. Por exemplo, a perda de um ente querido, o abandono de pai ou mãe, uma violência psicológica ou física, falas agressivas (volume alto de voz), comportamentos abusivos ou desqualificantes, estímulos negativos e tantos outros mais. Faz isso porque acredita que não pode lidar com algumas situações graves e esse é um mecanismo bastante sutil e complexo. As percepções passam de relance pelo consciente, restando apenas uma vaga ideia do que acontece.

É uma consequência comum que a pessoa vá reforçando e generalizando esse traço ao negar cada vez mais suas próprias percepções, negar seus sentimentos, negar seus sonhos, negar seu mundo interior, negar suas metas e projetos, negar as pessoas, negar suas necessidades existenciais.

Quem adota a negação costuma reclamar da memória, vive muitas experiências de lapsos e tendem até mesmo a se transformar em alguém confuso.

O depoimento a seguir é um caso extremo, mas demonstra com clareza como a negação acaba aprofundando suas raízes se não acordamos para o nosso comportamento repetitivo. É preciso pôr um limite nisso.

Usei e abusei das artimanhas defensivas para poder sobreviver. O da negação é o mais forte. Neguei toda a dor que sentia, toda a solidão e medo, e acabei somatizando essas negações em nível físico. Fiquei míope aos 8 anos e estourei o tímpano aos 10. Ou seja, eu não aguentava ver nem ouvir sobre minha realidade e sobre os acontecimentos à minha volta que tanto me doíam. Acabei me transformando numa pessoa confusa. Desenvolvi uma dificuldade de raciocinar, de encontrar soluções para os problemas, de prestar atenção nos outros, principalmente se estivessem me elogiando ou me ajudando a achar soluções. Sinto que entro em confusão também quando estou ouvindo algo que sei que é importante para mim. É como se eu entrasse em pânico, por medo de não conseguir captar toda a informação. Entro em estado de ansiedade e minha cabeça dá um nó. Talvez tenha a ver mais com a minha voracidade, o medo de perder algo e não querer perder mais nada. – Vivian, 49 anos, desenhista.

Cada pessoa tem seus próprios níveis de negação, em maior ou menor grau. Esse relato pode surpreender pela precocidade e gravidade das somatizações. Quero lembrar a força e o poder de sua mente, pois os geneticistas provaram que ela pode modular sua programação genética para o bem ou para o mal; para o adoecimento e também para a cura de seus sintomas psíquicos e físicos. A história relatada é real.

Ainda vou falar mais sobre os sintomas e males que são provenientes das disfunções da mente, mas sugiro agora que você reflita se ao menos desconfia de como sua mente usa esse mecanismo. Como já começamos a escrita do seu Diário, pode fazer anotações para que não se esqueça de nada importante.

2 – CONFLUÊNCIA

Essa artimanha defensiva atua atendendo a uma necessidade extrema do outro. A pessoa que desenvolve esse mecanismo só consegue viver em par ou em grupos, pois não existe sendo uma, ela só existe no "nós". Tem terror da possibilidade de ser excluída, esquecida, abandonada ou rejeitada. Por isso, aceita tudo o que vem dos outros – conceitos, valores, ideias e sentimentos – de forma que chega a desaprender a discernir o que vem dela mesmo. Essa pessoa evita tomar decisões, porque é melhor que decidam por ela. Vive como um camaleão, sempre se transformando no outro, sendo igual às outras pessoas, vivendo outras vidas o máximo possível e não a própria vida.

CONFLUÊNCIA – um relato

Desenvolvi o mecanismo de defesa da confluência com várias pessoas com quem me relacionei na vida. Mas teve uma "amizade" em especial em que essa defesa chegou ao extremo. Conheci essa amiga num cursinho pré-vestibular, na adolescência, e desde então desenvolvemos uma "amizade" que durou quase quinze anos. Eu achava que ela era o máximo, julgava que era superior a em tudo. Pensava que ela era melhor, mais bonita, mais inteligente, mais madura, mais desenvolta, mais articulada, mais esperta, que se relacionava melhor com as pessoas e, em especial, com os garotos, o que era muito importante naquela época. Aos meus olhos, ela sabia de tudo. Sabia conversar, resolver os problemas com as pessoas, ponderar as situações... Enfim, eu a colocava em um pedestal, quase beirando à perfeição. Inserida nesse contexto, fui aos poucos me submetendo a tudo que ela falava. Não só concordava com ela como eu a solicitava para resolver todas as minhas questões de vida. Fui me anulando e concordando com tudo que ela dizia, chegando a um ponto em que eu sentia que não conseguiria viver sem ela, sem sua aceitação, sem sua amizade. Ou seja, eu não existia sem ela. E o que significava isso na prática? Eu perguntava de tudo a ela, desde qual roupa vestir, qual sapato usar, que decisão tomar, o que ponderar, o que pensar, como pensar, o que falar, como reagir, como resolver os meus problemas amorosos, familiares, com os demais amigos; tudo, absolutamente tudo. Passei a me sentir escrava e dependente dessa relação. Portanto, eu não podia questioná-la, porque se eu fizesse qualquer questionamento que ela, porventura, não gostasse, eu poderia perder sua "amizade". Fora isso, quando tínhamos qualquer desentendimento, ela me fazia acreditar que era eu que tinha entendido tudo errado, como sempre; que eu era a problemática, que não tinha entendido direito o que ela tinha dito ou feito, afinal, eu, sozinha, não sabia nada mesmo, não era nada. E eu acabava pedindo desculpas, quase que implorando o seu perdão por ter questionado ou interpretado algo do jeito errado, muitas vezes, por coisas que eu nem tinha feito, só para ter a garantia da nossa amizade. Quando saíamos, eu era a boba da corte, fazia palhaçada para todos se divertirem e fazia todo mundo rir, inclusive e principalmente ela, que sempre me pedia e eu atendia. Uma tristeza essa situação. Humilhação mesmo. Então, não vivia a minha vida. A minha opinião era a dela, eu só existia com ela. Uma triste realidade, sufocante, totalmente destrutiva, da qual só consegui me libertar depois de muitos anos. – Paige, 41 anos, advogada.

***

Respire fundo, novamente, pare um pouco a leitura e reflita sobre esse mecanismo, se ele está presente em sua vida e de que forma.

3 – DEFLEXÃO

Quando sua forma de atuação no mundo tende a ser deflexiva, significa que você passou a evitar contatos mais próximos com outras pessoas ou consigo mesmo, vivenciando tudo de forma muito breve, de relance apenas. Você não se escuta, mal se percebe, anda de um lado para o outro procurando estar em vários lugares, com várias pessoas, sempre rapidamente, sem se dar tempo para aprofundar relações. Quando faz algum contato, tende a ser vago, confuso, desviado, superficial. Parece mais uma borboleta resvalando em todos os lugares, mas não se fixando em nenhum. Você também muda de assunto constantemente e acaba não compreendendo bem o que se passa à sua volta, num estado comum de confusão.

DEFLEXÃO – um relato

Antes de conhecer um pouco mais a minha mente e a mim, eu agia no automático e usava a deflexão como meio de fuga de mim mesma. Só sabia que sentia uma solidão doída e que um grande vazio me corroía. Fazia mil coisas ao mesmo tempo, ia a várias festas, sempre "viajante", rodeada de amigos e sendo o centro das atenções. Sempre "adivinhei" aquilo de que minhas amigas necessitavam; mesmo sem que pedissem, eu já dava, emprestava tudo que era meu. Roupas, lenços, casacos, até os enfeites e decoração de minha casa! Eu vivia nelas e para elas o tempo todo. Tenho uma presença muito forte, marcante e divertida. Sou a alegria das festas. Percebo que estando o tempo todo voltada para fora de mim mesma, dividida em mil pessoas e coisas em meu cotidiano, eu não me aprofundo em nada, nem nos assuntos nem nas experiências que estou vivendo. Faço pouco contato real com meus sentimentos e também com os dos outros. Sou a "avoadinha", sabe? Acabo esquecendo muitas coisas. Vivo muito ansiosa, empolgada e precisando sempre de muitas coisas ao mesmo tempo para me gratificar. Não tinha consciência de que isso não preenchia a minha alma e não resolvia minha solidão e meu vazio. – Yasmin, 39 anos, advogada.

***

Mais uma vez, respire fundo, pare um pouco a leitura e apenas reflita se você usa esse mecanismo defensivo em sua vida e como você faz isso.

4 – INTROJEÇÃO

Quando a mente de uma pessoa arquiteta essa artimanha defensiva, seu posicionamento no mundo passa a ser "o outro existe, eu não". A pessoa passa a ser uma engolidora nata de normas, modelos, padrões, valores e opiniões. Não consegue ter um filtro próprio, obedecer é seu principal verbo. Tem medo de expressar sua interioridade, demonstrar desejos, sonhos e necessidades. Teme a agressividade do outro, a sua própria e tem muito medo também de mudanças. Evita ao máximo entrar em contato com a própria força, o que chamamos de Poder Pessoal, porque afinal isso nos empurra a tomar decisões e determinar os próprios rumos. Acredita que o outro é sempre mais capaz e, portanto, é melhor se preservar e deixar que os outros se expressem no mundo.

INTROJEÇÃO – um relato

Engoli muita merda e aceitei, bem submissa, tudo ao meu redor. Sentia-me culpada por qualquer coisa errada; eu sempre me senti errada. Precisava me sujeitar aos fortes, que sabiam mais do que eu e sempre estavam certos. Com relação ao meu marido, sua pose de intelectual, conhecedor e amante da boa música, artista de bom gosto, bom profissional, com tanto poder, fez com que eu me anulasse em todos esses aspectos. Eu sentia que não tinha nenhuma daquelas qualidades. Passei anos ouvindo músicas que odiava e me criticava por não ser uma pessoa fina e de bom gosto como ele. Até minhas roupas eram escolhidas por ele, pois eu acreditava que o gosto dele era mais refinado que o meu. O pior é que depois eu não usava aquelas roupas. Eu não me sentia bem com elas e me criticava por isso. Ele era melhor que eu também na arrumação da nossa casa, e eu me anulava. – Vivian, 49 anos, desenhista.

***

Pare um pouco a leitura uma última vez e apenas reflita se você usa esse mecanismo defensivo em sua vida e como. Faça anotações para não deixar passar alguma reflexão importante. Daqui a pouco será hora de escrever mais e aprofundar esses pensamentos todos.

PLANO DE AÇÃO E CURA
COM AUTOANÁLISE E AUTODIAGNÓSTICO

Passando agora para a segunda fase de nosso mantra **Ação e Cura**, vamos para sua participação ativa no processo de aliviar e até eliminar as dores de sua História de Vida. Sem você dentro de seu processo, nada acontece. Então, continue firme e procure se dedicar o quanto for possível.

PRIMEIRA AÇÃO – REFLEXÃO

Com base nas explicações sobre as artimanhas de defesa da mente e nos relatos, quais delas você entende que seu Ego elaborou? Faça uma lista e coloque a intensidade com que as percebe na sua História de Vida. Use (**L**) para leve, (**M**) para moderada, (**F**) para forte e (**I**) para intensa:

1. Negação ( )
2. Confluência ( )
3. Deflexão ( )
4. Introjeção ( )

SEGUNDA AÇÃO – DIÁRIO

Agora, materialize seu diálogo íntimo em palavras curativas. Escreva sobre e para você com a maior franqueza possível. Para aprender a fazer essa conexão interior, basta que você se dê tempo. Conte como agem essas artimanhas defensivas do seu Ego. Lembrando: escreva sempre na primeira pessoa e sob o ponto de vista do seu momento de vida atual, mesmo quando se recordar do passado.

Como eu vivo em minha vida as artimanhas defensivas de meu Ego?

SEARA DA CURA

Escrever para si é um ato de amor e acolhimento, que envolve em um grande bálsamo todas as suas dores. Pare um pouco, leia seu relato em voz alta e sinta como isso alivia as tensões. Afrouxar os nós dos seus traumas e suas dores é libertador, tira do baú do seu inconsciente todo o peso depositado lá um dia. Expressar-se escrevendo é uma forma de dar voz ao seu verdadeiro Eu, que até agora teve pouco espaço para existir. Dê vida a essas vivências, pois elas são partes de você.

FOCO, AÇÃO E CURA JÁ!

Ainda há um caminho a percorrer e muita iluminação e cura aguardam por você. Vamos em frente, lado a lado.

CAPÍTULO 07

FÓRMULA PSÍQUICA – TEMA III

OS COMPORTAMENTOS QUE VOCÊ NÃO CONSEGUE DEIXAR DE REPETIR

NÃO IMPORTA ONDE VOCÊ ESTEJA, SUA ATENÇÃO ESTÁ VOLTADA para esta nossa conversa. Ainda que estejamos mexendo com seus fantasmas, a leitura é provavelmente um momento tranquilo no seu dia, de paz. Mas talvez você seja uma ilha cercada por um mar tempestuoso, porque vivemos em uma era de excessos, de quantidades, uma era volátil e líquida. As demandas mudam com os ventos – e eles são fortes. Os desafios e as mudanças estão intensamente presentes na vida de cada um. Tudo se passa em segundos, do desejo ao clique mágico das explosões de gratificação, sucesso e felicidade retumbantes que a internet proporciona numa compra de entrega rápida, por exemplo, ou movendo o dedo numa tela, escolhendo um par para a noite.

Estamos todos sendo convidados a ultrapassar os limites pessoais para realizar a façanha de aparecer bem por aí, fazendo uso de roupas, carros, lugares, aparelhos. Graduação, pós-graduação, promoções no trabalho. Dentro de cada círculo social há uma pressão diferente, mas cada vez mais tensa. As imposições do meio são idealizadas, muitas vezes irreais e quase sempre avassaladoras. Para se adaptar a esse tempo que nos atropela somos obrigados a reagir. O que é que se tem de fazer para alcançar tantas metas? Acabamos, então, por adotar comportamentos diferentes de nossa vontade. E essas reações adquirem um tamanho muito maior que nós mesmos, fogem ao nosso controle e tornam-se compulsões.

> O fundamental é que eu e você entendamos que esse estilo de vida moderno não nos oferece trégua. É uma luta constante que deflagra um estado de alerta no nosso organismo.

Vivemos nosso dia a dia como se estivéssemos em guerra, permanentemente expostos a perigos que adoecem nossos instintos e dificultam o funcionamento ideal de nosso corpo. Na maior parte do tempo, tendemos a achar que isso é normal, até mesmo inevitável. E não apenas isso: ainda somos herdeiros de uma História de Vida em que o desamparo esteve presente de várias formas, causando inúmeros vazios na nossa interioridade. E a Era Moderna oferece uma quantidade excessiva de possibilidades de, ilusoriamente, preencher esses vazios. Somadas, as características do nosso tempo e nossa herança de desamparo se transformam em uma força enorme que mais nos induz a comprar ilusões do que a resolver nossas dores.

Vamos analisar juntos os cinco comportamentos mais comuns dessa adaptação ao meio.

1. COMPULSÕES
2. HIPERATIVIDADE
3. PROCRASTINAÇÃO
4. SUBMISSÃO
5. REBELDIA

1 – COMPULSÕES

Em um tempo de estímulos em excesso, você recebe milhares de convites de todas as partes e de todas as formas para comprar certo estilo predominante de vida. As influências podem variar, claro, mas é possível considerar que a maior parte das pessoas hoje, no Brasil, recebe de modo parecido a pressão pelo consumo de cosméticos, equipamentos eletrônicos, produtos de moda, entre outros, além dos comportamentos culturais sobre que locais frequentar, o que ver, ouvir etc. E nada é mais adequado para sua mente do que arrumar uma forma de se adaptar ao meio. Então, você tende a obedecer, a seguir, a copiar até, em vez de filtrar e pesar o que realmente faz sentido para você entre tantas ofertas e tantas demandas.

> Se você já experimentou ansiedade, tensão, mal-estar, inquietação, medos difusos, palpitações, respiração ofegante, boca seca e fadiga, então sabe como é viver refém de um ciclo vicioso e repetitivo, fora do controle de sua consciência.

Esse aprisionamento é causa de muitas dores psíquicas e físicas que clamam por alívio imediato a qualquer custo. Para isso, você se apoia em crenças inventadas, como se presentear, por exemplo, que chamo de autogratificação. Você faz isso uma vez, outra, mais outra e transforma a ação em um ritual, que passa a repetir sem pensar muito, deixando a coisa sair do controle. Parece inocente, mas essa ação vira uma COMPULSÃO. Essas "gratificações" que você se dá podem se materializar em compulsão por comida, sexo, jogos, drogas, bebidas alcoólicas. Podem se manifestar também fazendo com que você passe a depender de aceitação dos outros dentro e fora das redes sociais. Ou ainda podem se transformar em compulsão por atividade física, por força muscular. Há várias formas.

A compulsão é uma expressão da sua interioridade ferida e é patológica. Você se abandona nesse processo, sinalizando um sintoma da sua desconexão consigo. A compulsão é um problema substituto que você cria para desviar seu foco da busca do que de fato poderia resolver seus problemas. Ao alimentar uma compulsão, você gasta sua energia vital em vão, cavando mais fundo num verdadeiro buraco existencial.

Mas não se assuste. Lembre-se de que estamos percorrendo o primeiro passo do seu processo, o enfrentamento de suas dores, e esses enfrentamentos não vão destruí-lo, mas libertá-lo e colocar fim aos seus sofrimentos.

2 – HIPERATIVIDADE

A hiperatividade é um manejo mental que desloca nossa energia psíquica para a ação. Desenvolvemos essa estratégia para mudança de foco. Muito ocupados vinte e quatro horas por dia, não precisamos investir na solução dos nossos conflitos reais. Nosso foco agora está direcionado para as múltiplas tarefas a que nos impusemos.

O dia deveria ter cinquenta horas para fazermos tudo o que exigimos de nós mesmos, não? Toda nossa energia está projetada para fora. Para atender demandas dos amigos, do trabalho, da casa, dos familiares e aquelas demandas desnecessárias que criamos, mas passamos a achar imprescindíveis. Tendemos a carregar o mundo nas costas. Essa sobrecarga evita que direcionemos nossa atenção e energia vital para dentro de nós mesmos. Fazer, fazer, fazer, uma compulsão por ações muitas vezes improdutivas, que esgotam nosso corpo e sobrecarregam nossa mente já cheia de tensões que não queremos confrontar.

> Sua solidão vem desses atos de desconexão consigo e com o outro. Você não tem permissão para entrar em contato consigo, com o outro e com o mundo. Você passa de relance por tudo que existe dentro e fora de você.

Aquele grande cansaço de que falamos logo no início da nossa conversa, tanto a exaustão física quanto o estresse mental, é um sintoma que se torna uma companhia péssima e constante. Nesse contexto, nos vemos longe de nós mesmos, sem contato interior e numa relação superficial com tudo que construímos. Estamos imersos em uma imensa solidão. Na minha experiência, percebi que muito comumente a hiperatividade está associada aos *workaholics*, pessoas viciadas em trabalhar – e, consequentemente, ao autoabandono. Não tema, continue no processo de enfrentamento de suas dores, pois você está contribuindo para sua cura.

3 – PROCRASTINAÇÃO

Resumidamente, procrastinação tem a ver com a expressão "empurrar com a barriga". Problemas a solucionar, tarefas importantes, metas e atividades são deixadas de lado, no melhor estilo "amanhã resolvo". Se você percebe que tem uma coleção de coisas inacabadas em sua História de Vida, certamente você é um procrastinador.

> É bom ter cuidado, porque nesse comportamento está contida uma desistência de você mesmo. Pode ser o abandono de sonhos profissionais ou de realizações pessoais. Tudo isso por não sentir que tem permissão interna para essas conquistas e gratificações.

Por esse motivo, a procrastinação é um dos comportamentos repetitivos, que funcionam como uma trava quando você está diante do que considera verdadeiramente importante. Você procrastina quando está desconectado de si mesmo. Todos temos momentos de indecisão, mas a desconexão tende a deixar você mais inseguro e confuso do que seria o normal, fazendo tudo na última hora e gastando muito mais energia do que seria preciso. Você adia e adia a conclusão de uma tarefa num ciclo repetitivo que parece não ter fim e assim evita o confronto com o medo natural que qualquer tarefa mais significativa impõe. É o medo de fracassar, de não saber, de não fazer perfeito, de enfrentar e ultrapassar seus limites naturais. Na procrastinação, as principais não permissões são as gratificações pelas tarefas concluídas, a alegria do sucesso, as experiências vividas em sua totalidade e a expressão do Ser, de posse plena de seu Poder Pessoal.

4 – SUBMISSÃO

Nesse manejo mental, reagimos aos estímulos externos de forma passiva. É o que chamamos de "baixar a cabeça". O outro passa a ter uma preponderância sobre nós. Passamos a cultivar falsas crenças de que tudo o que é bom, certo e eficiente está no outro. Nesses casos, a coisa se resume a nunca sermos bons o bastante para quase nada. Portanto, anulamos nosso Ser, recuando em fuga e colocando o outro à nossa frente, e perdemos conexão com nosso Poder Pessoal.

> É como se estivéssemos sempre diante de gigantes imbatíveis e maiores que nós em tudo. Dizemos "sim" para o outro e "não" para nós mesmos.

Assim, nos sentimos intimidados e impotentes diante das mensagens do meio em que vivemos (família, trabalho, amigos), repressoras do nosso Eu Interior. Então, aceitamos, concordamos, obedecemos passivamente a elas.

Tornamo-nos pessoas muito cordatas, agradáveis, simpáticas e avessas ao confronto. Não seria exatamente um problema se esse comportamento não fosse exagerado e submisso. Temos muitas dificuldades em contrariar as pessoas, porque é difícil dizer não. Entre as mulheres é muito comum a chamada Síndrome da Boazinha, quando cedem aos desejos dos outros e põem panos quentes em tudo que pode gerar conflitos. E assim vamos adiando o nosso encontro conosco. Enfrentar suas dores é um ato de amor por você. Não desista, ame-se.

5 – REBELDIA

Usando essa estratégia, reagimos aos estímulos externos de maneira ativa – e muitas vezes agressiva. Essa é uma forma de adaptação ativa; uma defesa com estratégias de ataques. Tendemos a agir com ansiedade, nervosismo e impulsividade. Nossas respostas emocionais tendem a ser mais intensas do que o necessário. A rebeldia é um grande desperdício de energia vital. Falamos alto ou gritamos, esperneamos, e esse comportamento gera uma aura de revolta e tumulto em torno de nós, uma ideia de que estamos pré-dispostos a agredir. É fácil imaginar como nossa rebeldia afasta as pessoas.

> Sua rebeldia com adaptação ativa denota seu desconhecimento sobre a ineficiência de suas ações rebeldes. Assim, você acaba criando paradoxos: quer ao mesmo tempo ser diferente e pertencer, não ser excluído, mas excluir.

A intenção é chamar a atenção e receber estímulos de vida, nem que sejam negativos ou agressivos. Apanhar alimenta mais do que ser ignorado. Muitas vezes, "ovelha negra da família", como na música de Rita Lee, ou o "maluco da casa", "maluco beleza" são rótulos dados aos que simplesmente seguem seus próprios caminhos, aos que são autênticos – e não há problema nisso. Mas quando o rótulo vem pela agressividade e pela inconsciência, é possível que o alvo não esteja em um momento saudável. Nesses casos, a pessoa caiu nas teias da obediência às mensagens repressoras e deterministas do meio. É um paradoxo: nos mostramos revoltados e, no entanto, estamos presos porque a rebeldia se transforma em uma resposta automática a toda e qualquer exigência quando já estamos incapazes de refletir e responder adequadamente ao que merece ser negado, por exemplo. Ou seja, a pessoa caiu no exagero, como um rebelde sem causa.

Amar de olhos abertos é um ato de amor compassivo. Continue sua jornada de enfrentamentos, ampliando seu olhar para esses lugares inóspitos. Então, respire fundo, pare um pouco a leitura e reflita sobre quais desses comportamentos você usa em sua vida.

PLANO DE AÇÃO E CURA COM AUTOANÁLISE E AUTODIAGNÓSTICO

PRIMEIRA AÇÃO – REFLEXÃO

O foco em mais esse conteúdo de sua Fórmula Psíquica alimenta sua Inteligência Curativa de forma muito positiva. Acredite, ela já está em ação e preparando você para a segunda fase de nosso mantra de **Ação e Cura já**.

Agora, de acordo com as reflexões que já fez a respeito dos comportamentos descritos neste capítulo que estiveram presentes em sua História de Vida, faça a seguinte avaliação, usando (**L**) para leve, (**M**) para moderado, (**F**) para forte e (**I**) para intenso em cada item:

1. Compulsões ( )
2. Hiperatividade ( )
3. Procrastinação ( )
4. Submissão ( )
5. Rebeldia ( )

SEGUNDA AÇÃO – DIÁRIO

Perceba o quanto a organização do pensamento em palavras clareia seu entendimento sobre si mesmo. Muitas vezes não é fácil. Procuramos incansavelmente palavras e maneiras mais adequadas de falar sobre o que sentimos. Mas essa busca também ajuda muito, pois significa que você está acessando lugares de sua interioridade para conquistá-los, acionando as nobres funções psíquicas de sua Inteligência Curativa. Ajude sua mente a focar no conteúdo deste capítulo. Agora, você vai escrever sobre as vivências em que tenha percebido um ou mais desses comportamentos de que tratamos.

Como eu vivo os comportamentos que não consigo deixar de repetir em minha vida?

_____

_____

_____

_____

_____

_____

_____

_____

inteligência curativa

SEARA
DA CURA

Com reflexões e texto prontos, perceba o alívio que a experiência de escrever sobre e para você mesmo pode trazer. Simbolizar com palavras o que estava guardado há tanto tempo em seu baú do inconsciente é libertador, catártico e curativo.

> Se com as palavras vierem soluços, choros ou gritos, deixe sair. Liberte a energia aprisionada e relaxe sua mente e seu corpo. Agora você já pode abarcar esses conteúdos reprimidos no passado. No presente, você pode se libertar de tudo isso.

Abraçar seus lugares antes inacessíveis representa um grande salto em seu crescimento e aumenta seu Poder Pessoal através das consciências construídas acerca de você mesmo. Só o autoconhecimento tem a força para libertar sua História de Vida das dores.

Estamos no meio do caminho da sua Fórmula Psíquica. Falta um pouco mais. Confie em você e prossiga devagar e sempre. Estamos juntos nessa jornada de autoconhecimento, de exploração de sua Fórmula Psíquica, única e eficiente.

CAPÍTULO 08

FÓRMULA PSÍQUICA – TEMA IV
OS PAPÉIS BÁSICOS QUE VOCÊ DESEMPENHA

PASSAMOS DA METADE DO CAMINHO DA SUA JORNADA DE AUTOCONHE-CIMENTO. Parabéns, seu potencial perceptivo e sua capacidade de foco estão funcionando a todo vapor. Você já deve ter notado também que cada item da Fórmula Psíquica faz parte das estratégias de sua mente para lidar com as pressões maléficas do meio e estão íntima e estruturalmente interligadas. Então, quando age de acordo com, digamos, a negação, automaticamente você reforça todos os outros itens pertinentes à sua construção psíquica.

A Fórmula Psíquica é uma engrenagem mental. Imagine um carro: para que funcione, você precisa ligar o motor, que manda energia para todas as outras partes, em uma combinação perfeita. Essas partes – embreagem, câmbio, freios, rodas, bateria, velas, correias, pneus, luzes – interligadas e acionadas pelo motorista colocam o carro em movimento. Sua mente funciona de modo bem parecido.

> Você é o seu motorista, claro. Agora você vai dirigir sua máquina mental com maior habilidade.

Vamos potencializar esse conhecimento organizando com foco e eficiência os **papéis básicos** a serem vivenciados por você:

1. PERSEGUIDOR
2. SALVADOR
3. VÍTIMA

É por meio desses papéis básicos que nos relacionamos com os outros. Esses três não são os únicos, mas são os preponderantes, ou seja, os que mais comumente afetam nosso comportamento e na maior parte do tempo. Para expressá-los, você cria palavras específicas, emoções correlacionadas, tons de voz, expressões faciais e corporais, gestual, comportamentos repetitivos e compõe um personagem. Use sua imaginação e percepção aguçada para descobrir essas atuações.

1 – PERSEGUIDOR

Expressamos esse papel num grande processo repetitivo e automatizado de comunicação inconsciente. Comecemos definindo em que situações somos PERSEGUIDORES.

- Quando criticamos, atacamos, controlamos e subjugamos o outro, como meio de sobrevivência emocional;
- Quando somos veementes nos gestos, aumentamos o volume de nossa voz e colocamos uma expressão séria e brava em nosso rosto;
- Quando estufamos nosso peito numa atitude de desafio e ameaça ao outro, complementando com palavras carregadas de emoções negativas e críticas nada construtivas.

Estamos entrando novamente no seu território proibido. Mesmo que você sinta incômodo ou até medo neste momento, enfrente-o. Garanto que você consegue. E esse será um passo importante para mudar o que o incomoda.

Quando está nesse papel, você tende a se colocar de uma forma muito crítica, impositiva, exigente e até mesmo autoritária, como se precisasse ser temido, fragilizando o outro com sua força desmedida.

> O que você deseja de fato, com essa atuação, é segurança. E, por incrível que pareça, justamente "garantir" a presença dessa pessoa em sua vida.

Essa é também uma das posturas do que chamo de ataque defensivo. Você utiliza o perfil de perseguidor para controlar o outro em busca de gratificação afetiva, ainda que seja, digamos, um alimento emocional contaminado, negativo. É como o amor condicional, uma substituição do afeto pelo medo.

PERSEGUIDOR – um relato

Sou a única filha mulher de uma família tradicional de quatro filhos. Meus pais são casados até hoje e meu pai é o típico perseguidor. Ele é bem crítico e impaciente com os mais próximos, bem simpático e paciente com os mais distantes. Sua vítima favorita sempre é minha mãe. Minhas emoções sempre foram muito podadas pelo meu pai. Tudo era tido como frescura e bobagem. Cresci uma menina forte, que dava conta de tudo e nunca precisava da ajuda de ninguém. Eu me identificava mais com os garotos e escolhia brincar só com eles. Jamais gostei de bonecas e de coisas vistas como de meninas. Era muito brava e desafiava todos os meninos. Gostava de vencer sempre. Aprendi muito com minha mãe a ser forte e resolvida. Ela sempre foi muito ansiosa e dava conta de tudo, trabalhando e cuidando da casa e dos filhos. Tornei-me também ansiosa e crítica, além de muito impaciente. Eu sentia muita raiva e usava a ironia e o sarcasmo para esconder o vazio e a solidão da minha alma. Sou casada há doze

anos. Casamos apaixonados e felizes, acreditando no conto de fadas tipo "felizes para sempre", como se isso fosse acontecer sem esforço de ambas as partes. Atuo diariamente como perseguidora no meu papel de esposa. Já olho para meu marido com impaciência, acho sempre que ele não fará nada certo e que tudo tem que ser do meu jeito. Já vou desqualificando o que acho que ele faria e tenho sempre um sarcasmo na ponta da língua. Ele, por sua vez, cede e evita o confronto maior, mas isso nos distancia como casal, aumentando a solidão e o vazio que sinto dentro de mim. Quando isso acontece, tenho ciência de que não estou agindo de forma sadia. Porém, sinto que estou dando voltas, em círculos, sem chegar a lugar nenhum. Estou me ferindo e ferindo a ele. Só posso concluir que esse papel de perseguidora dentro de casa consome muita energia e eu estou disposta a mudar isso. Estou numa fase de conscientização dessa solidão e dor. Não posso transformar isso em raiva e perseguição por toda minha vida. Não acho um processo fácil nem rápido, mas dei o primeiro passo ao trazer isto à consciência. Sinto um esgotamento. Preciso pôr fim nesse processo de gastar tanta energia nutrindo meu papel de perseguidora.
– Yasmin, 39 anos, advogada.

***

Pense agora nas suas relações. Você atua dessa forma com alguém? Veja se reconhece em sua voz, seu rosto, seu corpo e gestos atuações expressivas que possam revelar este personagem em você. Seja qual for o resultado dessa observação, faça anotações que você possa incluir mais tarde no seu Diário.

2 – SALVADOR

Perceba em sua História de Vida se você sente necessidade de que as pessoas precisem ou até que dependam de você e se, para isso, adota um comportamento sedutor. Observe se você se apresenta mais do que disposto a ajudar – o que é sempre muito bom mesmo –, mas como se sua ajuda fosse essencial; como se o outro mal pudesse viver se não fosse por suas mãos. Normalmente, esse manejo tem como objetivo criar dependência emocional e até financeira, pois isso é um jeito de garantir a pessoa em sua vida pela carência. Manipulamos o outro para garantir o seu amor. Aprisionamos as pessoas em nosso entorno e nesta prisão o débito afetivo nunca é zerado.

Em que tipo de situação alguém atua como SALVADOR? Como nos comportamos quando estamos nesse papel?

- Quando usamos expressões melosas e excessivamente afetuosas (sedução o tempo todo);
- Quando estamos sempre de braços abertos e com um grande sorriso no rosto (como se não tivéssemos nunca os normais altos e baixos);
- Quando temos por hábito vestir expressões muito marcantes de complacência, benevolência, deixando claro que somos muito bonzinhos, dispostos a salvar a todos e ao mundo também;
- Quando estamos sempre abraçando "uma boa causa" para o outro, em detrimento de nós mesmos (e nesse processo nos tornamos *experts* em autoabandono).

SALVADOR – um relato

Por muito tempo em minha vida atuei nesse papel de salvador. Na minha percepção, as primeiras vezes em que me vi atuando assim foi na minha própria família. Acho que especificamente "salvando" a minha mãe. Sou fruto de um relacionamento que ela teve ainda muito jovem. Todos, dentro e fora da família, julgaram e condenaram a minha mãe. Principalmente porque meu pai biológico não se casou com ela nem me assumiu. Eu achava que deveria esconder de todo mundo a situação de minha "mãe solteira", o que, para a época e em uma cidade do interior, era uma situação muito complicada. Então, durante muito tempo, abdiquei da minha condição de filho e tratava a minha mãe como se ela fosse minha irmã. Tanto que só me achei no direito de chamá-la de mãe bem mais tarde, já adolescente, quando ela se casou com outro homem. Aí eu poderia existir como filho, pois teria pai e mãe. Durante toda a minha vida fui construindo a minha história de atuação como salvador. Eu não conhecia outra forma de me conectar com as pessoas e sentir que tinha algum valor. Aprendi muito cedo a passar por cima das minhas necessidades e colocar as dos outros em primeiro lugar. Procurava fazer tudo de forma perfeita, às vezes até me antecipando à necessidade, em um grande esforço de adivinhação. Sentia que, atuando assim, em algum momento alguém iria olhar para as minhas necessidades e cuidar de mim. Mas isso não acontecia. Como não me sentia visto nas minhas necessidades, eu ficava muito triste, ao ponto de achar que não recebia o devido reconhecimento por ser tão bom com os outros. Mas eu não desistia e retornava para meu papel, sem perceber o quanto aquilo me fazia mal e também para as pessoas com as quais eu me relacionava. Mas tudo aquilo me dava uma sensação de controle e segurança da situação. Hoje, percebo que cuidar dos outros daquela forma compulsiva simplesmente criava um muro, impedia as pessoas de me darem o que eu mais desejava. Perceber a falsidade e a ineficiência desse papel na minha vida foi fundamental para a tomada de uma decisão no sentido de buscar outra forma de me relacionar com as pessoas. Uma maneira em que houvesse uma troca mútua e contínua, em que eu pudesse perceber as necessidades dos outros, mas também permitir ter as minhas necessidades vistas. – Patrick, 52 anos, analista de sistemas.

***

Agora faça uma pausa e pense se você age ou agiu como salvador com alguém, seja agora, seja no passado. Não tenha pressa, rastreie suas relações, anote o que vier na cabeça para repensar sobre isso mais tarde. As respostas nem sempre estão prontinhas, na ponta da língua. Perceba se você tem o tom de voz, os gestos, as palavras, os comportamentos que possam ajudar sua compreensão. A busca é parte do processo. Rastrear as origens de suas dores é uma etapa importante de sua cura.

3 – VÍTIMA

Quero aproveitar para reforçar o teor inconsciente desses papéis na nossa vida. É necessário uma boa dose de força interior e amor-próprio para continuar com esses enfrentamentos, pois o ciclo vicioso de comportamentos, pensamentos e emoções está muito enraizado na mente e no corpo.

Com um meio que age como predador do nosso Eu Interior, é natural que nos sintamos injustiçados. Mas quando o que é uma sensação eventual se acentua e se torna muito frequente, passamos a adotar o papel de vítima. Esse papel é bem característico: uma forma de desistência de nós mesmos, quando fragilizados e com medo.

Ao nos colocarmos no papel de vítima, passamos a manipular as pessoas que nos rodeiam e, de certa forma, a convidá-las a assumir conosco (ou contra nós) os papéis de perseguidor ou de salvador. Importante deixar muito claro que essas situações nunca são desculpa, não servem de justificativa para crimes de nenhuma natureza. Estamos tratando de comportamentos que nos fazem mal e desejamos mudar.

> Agir como vítimas é uma fuga, não uma intenção de resolver problemas. Com isso acabamos por alimentar o ciclo vicioso da nossa atmosfera relacional, enganchados na trama de vítimas, perseguidores e salvadores.

Então, somos vítimas quando:

- Provocamos várias maneiras de adoecimento físico e mental, tais como: hipocondria, pânico, ansiedade crônica, depressão, fibromialgia, distúrbios do sono e distúrbios alimentares;
- Estimulamos dependência para tomar decisões, fazer coisas importantes, expressar opiniões, sentir emoções, realizar qualquer atividade nova;
- Nosso corpo está sempre sem energia, curvado, parecendo mais velho do que realmente é, e nossa expressão tende frequentemente a demonstrar cansaço;
- Usamos um vocabulário de sofrimento, em um tom de lamento, com a voz frágil e quase inaudível;
- Pedimos socorro ou ajuda muito constantemente, precisando sempre de alguém, inclusive para as tarefas corriqueiras, pois estamos sempre inseguros e temerosos;
- Usamos a confusão diante da vida em geral como desculpa para nossas atitudes, pois assim não podemos enxergar os melhores caminhos e ainda reforçamos um comportamento de fuga como principal estratégia.

VÍTIMA – um relato

Sempre vivi carente na minha vida pessoal, desejando cuidados. Percebo agora que estive muitas vezes procurando um potencial salvador, um potencial perseguidor. Uso frequentemente como lema a frase "Eu não consigo", por isso sempre estou precisando de alguém para cuidar de mim. Continuei dependente de meus pais, mesmo depois de casada. Também passei a depender de meu marido, só que ele faz o papel do perseguidor. Hoje, vejo que sempre fui muito submissa a tudo e todos. E muito desistente e depressiva. Acho que me levo mais a sério ultimamente porque descobri tudo isso. Percebo que tracei o meu "destino" junto com a minha família, deixando que as pessoas (pai, mãe e marido) o construíssem por mim. Com isso, eu não tomava atitudes. Fiquei acomodada em "não ser ninguém", deixando a vida me levar. Apesar de ter me formado em engenharia numa universidade federal e falar fluentemente inglês, nunca me qualifiquei para seguir uma carreira. Deixei de trabalhar. Na minha casa, meus pais sempre deram valor aos meus irmãos e não às filhas mulheres. Nunca fomos qualificadas ou valorizadas. Vejo que essa eterna tristeza que me consome existe porque eu não agi. Penso muito em desistir, fora o tanto que já gastei de meu tempo pensando que era melhor eu morrer. Hoje, entendo que pensar em desistir e na morte é muito desgastante, cansativo e causa uma grande dor. Como eu sempre me acho o "pó", o "nada" e que todos são melhores, vou para o meu canto, meu outro "mundinho", que é dormir, dormir, dormir... Agora sei que eu é que deveria me valorizar e me amar; que eu não deveria ter deixado ser comandada e empurrada para "debaixo de um tapete". Devo assumir decisões e batalhar por mim. Tem sido muito dura e árdua essa batalha de encarar a dor da minha criança ferida, além de enfrentar também as "feridas atuais". Não quero mais ser manipulada, apesar de ainda não ter muita segurança e confiança em mim mesma. Estou correndo atrás e acho que, algum dia, vou conseguir. Quero aprender a viver a vida e aproveitá-la. Quero descobrir quem sou eu. Acho que hoje estou enxergando melhor quem EU *era e o porquê de tanta tristeza. – Berenice, 51 anos, sem atuação profissional.*

PLANO DE AÇÃO E CURA
COM AUTOANÁLISE E AUTODIAGNÓSTICO

PRIMEIRA AÇÃO – REFLEXÃO

Com sua Inteligência Curativa bem alimentada pelo conteúdo deste capítulo, reflita e avalie sobre qual é seu papel básico na relação com as pessoas. Por papel básico entende-se a atribuição que você assume de forma preponderante em suas interações e na construção de vínculos com os outros e consigo.

inteligência curativa

> Lembre-se: estamos na fase de visitação das dores como primeira etapa da cura. Depois virão as fases de construção da aceitação e resolução dos seus problemas.

Identifique se o seu papel básico é o de perseguidor, salvador ou vítima. Em seguida, qualifique como leve (**L**), moderada (**M**), forte (**F**) ou intensa (**I**) essa característica em você, como nas práticas anteriores. Essas anotações vão ajudá-lo a organizar melhor os escritos e, principalmente, suas conclusões sobre como retomar a condução de sua História de Vida.

Meu papel básico é: _____. ( )

SEGUNDA AÇÃO – DIÁRIO

Agora, deixe sair pelos seus dedos as palavras que você precisa materializar para simbolizar o que está se tornando consciente em sua mente. Permita que todas as percepções que você teve sobre esse tema tomem forma. Materialize seu diálogo íntimo. Revele-se numa confissão, assumindo e conquistando sua consciência sobre essas experiências.

Como vivi meu papel básico em minha História de Vida?

inteligência curativa

SEARA DA CURA

Quando temos a chance de nos conscientizar sobre quem somos e como funcionamos, podemos tomar em nossos braços nossas dores, feridas e consciência, em um trabalho de amor-próprio compassivo. Então, entramos na fase da aceitação. Aceitar é um segundo passo do seu processo de cura, depois do enfrentamento da dor. É um amor sereno de quem sabe algo lindo e verdadeiro sobre si mesmo; é a coragem de existir sendo quem é.

Nossa humanidade é linda em toda a sua extensão; da luz à sombra; da força à fragilidade; do erro à perfeição; da bondade ao mal; da saúde à doença. Tudo em nossa totalidade nos representa; tudo junto e misturado nos faz mais fortes e humanos. Integre suas partes para harmonizar e curar seu todo.

CAPÍTULO 09

FÓRMULA PSÍQUICA - TEMA V
AS DECISÕES QUE DETERMINARAM SUA HISTÓRIA DE VIDA

> Só a consciência cura, liberta e realiza sonhos. Alimente a sua.

Enquanto percorremos os temas de sua Fórmula Psíquica e afrouxamos tantos nós apertados, vamos nos dando conta do verdadeiro significado de relatos como "Sinto que estou vivendo um 'destino' que não foi decidido por mim, mas pelos outros". Recorro, então, a um dos mais influentes psicanalistas de todos os tempos, minha inspiração e parte desse método que ofereço a você: Carl Gustav Jung (1875-1961).

> De acordo com Jung, "o que não fazemos aflorar à consciência, aparece em nossas vidas como 'destino'. E o 'destino' é igual à dor psíquica.[3]"

---

3. JUNG, Carl. G. "Aion Vol. 9/2: Estudo sobre o simbolismo do si-mesmo". In:_____. **Obra completa de Carl G. Jung.** 10 ed. Petrópolis: Vozes, 2013. v. 9. p. 66.

A dor psíquica é a própria dor do autoabandono do nosso Eu Interior, consequência do ato de atender às expectativas do meio. Ao mesmo tempo em que é sintoma, a dor psíquica ajuda a formatar uma Persona (ou um Eu Mítico), que tem a função de nos substituir. A Fórmula Psíquica cumpriu o papel de revelar o personagem que o substituiu na sua História de Vida. A essa altura você já descobriu que esse personagem atua por meio de seus sentimentos, pensamentos, comportamentos, expressões corporais e vocabulário. E é o controle disso tudo que você se determinou a retomar.

Como numa peça de teatro, no passado você decidiu inconscientemente o tema central de sua História de Vida com base na gravidade dos NÃOs que recebeu. Esse "destino" foi estabelecido sobre cinco decisões inconscientes. As escolhas formataram um roteiro a ser seguido e tiveram o poder de determinar e viabilizar o cumprimento das expectativas do meio sobre você. É nesse ponto que a roda da repetição começa a girar, tornando o processo mais concreto e difícil de interromper.

> Mas é possível romper essa roda, e esse é o nosso grande objetivo ao longo de todo este livro.

Agora, apresento os cinco temas mais presentes quanto às decisões fundamentais da História de Vida de cada um de nós. Perceba que tendem para a negatividade, justamente porque têm origem nos NÃOs que o meio lhe impôs. Estes são os laços sufocantes que devemos desatar. Há quem acredite em métodos mais sorridentes, trajetórias mais floridas, mas eu acredito que para curar realmente nossas dores devemos, como se diz comumente, mexer nas feridas. Depois, sim, sorriremos. Leves. Curados. Mas, por enquanto, as palavras serão pesadas, observe.

1. SOLIDÃO
2. DRAMA

3. BANAL
4. FRACASSO
5. LOUCURA

Essas palavras condensam os roteiros da nossa vida e é a partir delas que adotamos nossos papéis, nossas defesas psíquicas, comportamentos e emoções, conforme vimos nos capítulos anteriores. Esse roteiro de vida tem um tema central, como em uma peça de teatro ou um filme. Decisão inconsciente tomada, roteiro decidido, cenário construído, personagens escolhidos, então, agora: Luz! Câmera! Ação! Vida que segue num ciclo vicioso de repetição de um personagem que não representa você nem reflete seu Eu Interior único e essencial.

1 – SOLIDÃO

Como somos seres relacionais, nossa capacidade de criar vínculos é primordial, pois usamos esses vínculos na gratificação da nossa necessidade básica de alimento afetivo. No entanto, esse aprendizado de construção dos vínculos é prejudicado quando percebemos que esses mesmos vínculos podem nos destruir e impedir o crescimento natural do nosso Eu Interior. Passamos a temer o outro e criamos dificuldades nessa inter-relação, prejudicando o nascimento de vínculos saudáveis. O grande NÃO que atua nessas barreiras no contato consigo e com os outros é O NÃO SINTA, que vimos no Capítulo 5.

Os elementos essenciais para a criação do vínculo estão no contato consigo e no contato com o outro: a presença física – o toque mesmo –, a construção da confiança, a vivência de entrega e de intimidade entre os envolvidos. Quando o medo entra nessa interação, promove desequilíbrio. O elemento emocional "medo do vínculo" é uma consequência natural das inter-relações contaminadas e negativas dos estímulos que recebemos de nosso entorno. O resultado é que podemos criar um estilo de vida que nos empurra para longe das pessoas. Não aprendemos a ter amigos, a construir vínculos amorosos, nós nos distanciamos dos cônjuges, dos filhos e da família, mesmo os tendo ao nosso lado.

> A solidão de si mesmo, que surge quando não estamos presentes na nossa própria vida, é a mais dolorosa. Temos ainda a solidão a dois e a solidão na multidão, por exemplo.

A era digital cria um tipo de comunicação que privilegia o não contato e o não toque, dispensando o envolvimento da presença humana, substituída por mitos perfeitos e sempre felizes. A comunicação virtual tende a acontecer entre Eus idealizados, irreais; e o conteúdo tende a ser mágico, superficial e instantâneo. No caso extremo que vivemos durante a pandemia da Covid-19, esse foi o meio de comunicação possível e se tornou até saudável ver e conversar com as pessoas queridas pela tela de um computador ou celular. Mas, nesse momento histórico de crise mundial, muita gente se deu conta da falta que faz o olho no olho, o abraço, e passou a valorizar a presença de outras pessoas.

Nossa natureza humana necessita de alimento psíquico emocional e afetivo para sobreviver. Consequentemente, quando somos convidados a criar um estilo de vida em que os rituais de isolamento são reforçados socialmente e aceitos como normais, vivemos o drama da sede de contato e da fome afetiva. Quem vivencia esse drama sabe bem a dimensão e o significado de sua dor.

Sugiro agora que você releia o diagrama que fez no final do Capítulo 4, quando apresentei a ideia de escrever seu Diário. Estão lá, marcados com linhas, tracejados ou pontilhados, as intensidades de suas relações mais próximas. Com base nesse diagrama, reflita se a solidão faz parte de sua História de Vida e já faça algumas anotações. No roteiro de vida baseado em solidão, tendemos a atuar nos papéis de PERSEGUIDOR ou de SALVADOR.

2 – DRAMA

Quando decidimos, inconscientemente, ter o drama como tema central da nossa História de Vida, transformamos as experiências diárias nas mais dolorosas possíveis. As dores e as doenças passam a ser uma grande motivação de vida. Colocamos no corpo nosso sofrimento psíquico e criamos uma tendência ao adoecimento não só mental, mas também físico. Comemos muito e tendemos aos vícios mais variados. Procuramos razões e maneiras para usar remédios com mais frequência. Por fim, adoecemos para nos enfraquecermos e podermos construir, assim, uma justificativa plausível para não lutar por nós mesmos. O sofrimento e a doença viram desculpa para não enfrentar a vida.

Desenvolvemos uma tendência a sofrer em excesso e a sempre expressar esse sofrimento, como se nossas dores fossem únicas e maiores do que as dos outros. Nossos problemas ocupam o centro das atenções e tudo de ruim parece acontecer apenas conosco. E buscamos o outro para a solução desses problemas, pois nos posicionamos nas situações como pessoas incapazes de resolvê-los, estabelecendo, assim, uma relação de dependência desse outro, alimentada pelo perfil de fragilidade e carência que assumimos. Nesse roteiro de vida, tendemos a atuar no papel de VÍTIMA.

3 – BANAL

É uma forma existencial de se colocar em sua vida, aquém de suas reais possibilidades. Não há grandes vitórias nem fracassos, há apenas uma adequação ao senso comum. É quando se cumpre com o esperado e não o desejado. Quando a repressão do mundo vence seus desejos e sonhos. Se intimamente você está frustrado por não estar onde gostaria, você se acomoda cedendo à força dessas repressões. Então, a vida fica parecendo uma partida de futebol sempre empatada, sem o prazer do gol.

> Os NÃOS que foram recebidos impediram o desenvolvimento das suas potencialidades, justo aquelas que poderiam se tornar seus diferenciais, e geraram um estado permanente de insegurança e falta de confiança em si mesmo.

A frustração de nunca ter sentido a alegria e o prazer de ter feito um gol, de ter tido uma conquista, denuncia que algo está fora do lugar. Em uma História de Vida com um roteiro banal, sua trajetória pode parecer monótona e longa demais. A insegurança substitui a força de suas potencialidades e de sua essência. Faltam vibração, intensidade, sonhos, projetos inovadores, e restam apenas muita sede de mais envolvimento e autoestima elevada. Quando estamos atuando com esse roteiro, tendemos a viver no papel de VÍTIMA OU SALVADOR.

4 – FRACASSO

Os comportamentos, os sentimentos e os pensamentos envolvidos em um roteiro de vida pautado em fracasso tendem a ser os de uma pessoa que não teve permissão para crescer, para se tornar verdadeiramente adulta e alcançar ou superar o patamar de seus familiares. Essa pessoa demonstra certa vergonha de si mesma, movida por uma sensação de inferioridade – que é irreal –, de inadequação, de insegurança. Do ponto de vista comportamental, a pessoa leva muito mais tempo do que o necessário para executar tarefas, acumula atividades inacabadas e age com um tipo de esforço que chega a ser compulsivo – lembrando que compulsão é impulso sem razão. Com pensamentos inadequados, suas ações serão ineficientes, improdutivas e pouco objetivas, servindo apenas como justificativa para o "tentei de tudo", que comumente provoca exaustão e causa o abandono dos projetos.

> Em uma História de Vida pautada pelo fracasso, evitamos confronto, desafios e ainda optamos pela fuga como solução para os impasses.

Cultuamos uma tendência a complicar o fácil, a temer o difícil e não ver o óbvio. Assim, andamos na contramão, escolhendo até as situações sem saída – porque, afinal, se não há saída, não há mais decisão a tomar, está definido.

Todas essas condutas levam ao fracasso em seus diversos níveis: intelectual, afetivo, profissional, familiar e social. Perder se torna uma constante: companheiros, amigos, empregos, negócios, dinheiro, sonhos, desejos, metas... Perdas e mais perdas. Quando atuamos em nossa História de Vida com o roteiro do fracasso, tendemos a vivenciá-la no papel de VÍTIMA.

5 – LOUCURA

Nosso olhar para este tema é aquele em que qualificamos os sintomas como sinais e mestres que vão nos levar para onde eles surgiram. Esse tema de vida tem a ver primordialmente com a forma com que o ambiente relacional familiar aponta e reforça determinado membro dessa família, com comportamentos não aceitos e temidos por todos. Não se trata somente da loucura como distúrbio mental clinicamente verificado, como as psicoses, mas pode chegar a esse ponto também. Sua origem preponderantemente está no ambiente relacional e emocional familiar. Como já vimos, a psicofobia é muito presente em nossa vida. Temos medo ao lidar com o diferente. O meio deseja sempre o senso comum e repetições de padrões.

"Fulano é o maluco." As palavras têm tanta força quanto expressões e gestos. Aquele membro da família que desde cedo recebe um tratamento estranhamente diferente acaba, de fato, adotando o papel de louco. Seu psiquismo passa a sofrer de uma desordem que evidencia um profundo conflito de identidade. Quando isso acontece conosco, passamos a não ser nós mesmos, tornamo-nos uma parte sombria e negativa de cada membro da família. Passamos a *ser* "o doente", temido por todos. Aquele que tem dificuldades para se adaptar à escola, ao meio social, ao trabalho; que tem uma vida marcada por grandes crises. Quando adotamos esse papel do louco, reproduzimos comportamentos estranhos, perigosos, até bizarros – descontrole e caos. Somos aquele de quem finalmente todos querem se ver livres, para não se verem refletidos naquela loucura tão aparente, que denunciaria a todos os membros daquela família e meio social.

> Essa condição dificulta a construção de uma personalidade própria e tendemos a falhar no que tentamos realizar na vida e até a nos destruirmos com comportamentos de risco.

As famílias que reproduzem esse comportamento são descritas por Ronald Laing (1927-1989) como "famílias esquizofrenizantes", no livro *Sanidade, loucura e família*, no qual ele acrescenta como causa de distúrbios mentais, além das endógenas ou neurológicas, o determinismo psíquico do meio.

Até pouco tempo atrás, nossa sociedade excluía essas pessoas, exilando-as em um manicômio, por exemplo. Na onda desse movimento, criado na Inglaterra por Ronald Laing, as portas dos manicômios foram abertas e o hospital-dia foi criado, numa luta pela ressocialização dessas pessoas. Na Unidade Integrada de Saúde Mental do Hospital das Forças Armadas (UISM-HFA), fomos os pioneiros no Centro-Oeste a criar uma Unidade de Saúde Mental, com equipe multidisciplinar e hospital-dia. O filme *Coringa* (2019), do diretor Todd Phillips – pelo qual Joaquin Phoenix ganhou diversas premiações como melhor ator –, causou uma comoção mundial ao revelar a realidade dramática da loucura em nossa sociedade. Essa comoção se explica porque apesar de o filme retratar um personagem fictício tido como louco, nós, enquanto espectadores, nos identificamos com ele e até compreendemos a origem de seu comportamento. Afinal, percebemos o impacto que vários elementos de sua vida tiveram sobre quem ele se tornou: família disfuncional, vínculos quebrados, papéis invertidos, falta de proteção, sentimento de abandono, entre tantos outros fatores que o fizeram buscar uma estratégia para sobreviver nessa sociedade hostil. O filme expôs diversas fragilidades humanas e nos permite trazer essa reflexão para nossa vida. Afinal, quantas vezes nos sentimos à beira da loucura?

Acredito que há caminhos e saídas para que combatamos o determinismo do meio e falando em saídas e soluções, sugiro, para um reforço positivo em sua jornada, ver a cinebiografia *Rocketman*, sobre o cantor inglês Elton John (direção de Dexter Fletcher, 2019).

PLANO DE AÇÃO E CURA COM AUTOANÁLISE E AUTODIAGNÓSTICO

PRIMEIRA AÇÃO – REFLEXÃO

Perceba quanto conteúdo você tem para alimentar sua Inteligência Curativa tecendo uma teia entre as vivências de sua História de Vida e os temas do capítulo. Essa teia pode ajudá-lo a criar uma nova consciência com o objetivo de tirá-lo dos lugares que já não lhe servem mais. Você já sabe que precisa ser ativo no seu processo de autorresgate, por meio da reconexão consigo, para ser eficiente em suas ações curativas. Então, ajude sua mente a funcionar a seu favor e construir um autodiagnóstico.

Reflita, agora, sobre qual desses cinco temas resume mais sua trajetória. Pode ser mais de um, o que ocorre principalmente quando se trata da solidão, por exemplo. Preencha a lacuna e verifique a intensidade com que esse tema está presente em sua vida usando (**L**) para leve, (**M**) para moderada, (**F**) para forte e (**I**) para intensa.

Meu roteiro de vida é pautado em:

_____ . ( )

SEGUNDA AÇÃO – DIÁRIO

Este capítulo é fundamental neste nosso processo porque mobiliza todos os outros temas da sua Fórmula Psíquica. Essa máquina mental serve ao seu roteiro de vida para conduzi-lo justo para o SEU lugar mais temido. Perceba o paradoxo: você faz sua mente trabalhar contra você mesmo, cumprindo as expectativas que o meio lhe impõe de um plano de vida em que outros são os autores, não você. Tudo isso ocorre inconscientemente e se manifesta nas suas comunicações com as pessoas mais significativas do seu entorno. Veja, então, a importância de tornar essa trama consciente na sua mente. Para isso, você precisa fomentar maneiras para acessar suas verdades, aquelas mais inconscientes que você jogou no fundo de seu baú, com muita comunicação íntima por meio dos solilóquios. Mais do que falar sozinho, é se escutar atentamente.

Dessa vez, antes dar continuidade à escrita de seu Diário, leia o depoimento a seguir, pois pode inspirá-lo a organizar suas reflexões. O texto é da Yasmin que, como você já sabe, cumpriu sua jornada, está bem e saiu do estado que tanto a incomodava. Este relato foi escrito durante o processo, quando ela estava frente a frente com seus fantasmas. Portanto, aqui ainda há muita angústia.

Assim que li e analisei os temas do roteiro de vida, percebi logo que o meu é o da SOLIDÃO. *Tive uma infância muito solta, largada e sem limites, em que tinha que me virar sozinha e não podia contar com ninguém.*

Isso gerou um grande sentimento de abandono íntimo e inconsciente em mim. Dessa maneira, cresci sendo muito forte e muito rápida e apressada em tudo. Era uma menininha bem arteira e adorava o malfeito. Circulava bem em grupos de meninos, considerando que eu só tinha irmãos. Não me recordo de conversar ou dar voz aos meus sentimentos, em nenhum momento. Tudo era muito prático e objetivo lá em casa. O meu feminino foi muito podado pelo meu pai e pelo tipo de criação que tive. Meu lado prático, objetivo e sem muitos sentimentos sempre teve mais vez. Eu achava bonito ser assim, do tipo em que nada importa tanto e os sentimentos não têm lugar. Meu pai era assim. Na minha cabeça, essa maneira de resolver tudo rápido, ser bem objetiva e pouco sentimental exercia um poder forte e se vinculava muito bem com minha solidão. Esse jeito de ser ainda me encanta, mas hoje perdeu a voz dentro de mim. Ando procurando muito um equilíbrio maior entre minha praticidade e meus sentimentos. Cresci sempre como um ser muito social. Minha presença é facilmente notada por onde passo. No entanto, eu estava e não estava nas amizades, na família, no namoro, porque fui criada para não ter vínculos fortes, não sentir e não contar com ninguém. Também vivia como a Alice no País das Maravilhas, sem entrar tanto em contato com a realidade. Vínculos sociais e familiares eram fracos e solitários, nos quais eu só podia estar bem, bonita, alegre, realizada e feliz, atuando como um mito irreal, que esteve presente até bem pouco tempo em minha vida. Ele só veio ao meu consciente após toda a minha expansão com a Jornada de Autoconhecimento – Fórmula Psíquica. Os meus grandes NÃOS – NÃO SINTA, NÃO TOQUE e NÃO CONFIE – comandavam todas as minhas condutas, juntamente com a REBELDIA, o desafio, a competição e uma raiva que sempre me acompanhou no fundo do meu peito. Nunca tentei explicar essa raiva, achava normal e agia imaturamente, deixando-a tomar conta de mim em várias situações. Atuava muito como PERSEGUIDORA, sendo supercrítica. E já rebatia qualquer comentário que me desagradava, sempre com ironia, minha forma preferida de disfarçar a raiva, escondendo minhas tristezas e meus medos. Essa raiva sempre foi descontada em pessoas muito próximas: meu marido e meus pais. No social, era sempre mais controlada. Tenho um lado criativo de decoração e estética muito forte e que nunca teve voz enquanto eu morava com meus pais. Se tivesse seguido esse lado, iria com certeza para área de decoração de interiores e arquitetura. Porém, não me foi permitido. Segui os rumos ditados por meu pai. Ser advogada era mais fácil para ser bem-sucedida e ter uma vida estável. Terminei cedo a faculdade, aos 23 anos, e me acomodei num trabalho que tenho até hoje e que não me traz nenhum prazer. Só o executo para ter uma vida estável. Não fui uma criança que adoecia muito, mas me lembro que eu era estabanada e vivia caindo, quebrando braço e levando pontos. Comecei a ter ENXAQUECA aos 14 anos, após a primeira menstruação. Hoje, vejo que o meu emocional está muito ligado à minha enxaqueca e dores de cabeça. Está ligada à perda do meu feminino e a toda a SOLIDÃO que me causa o fato de eu ter me autoabandonado. Eu era bem sonhadora e sempre quis me casar com um príncipe encantado. Acreditava no "felizes para sempre". Aos 27 anos, conheci meu marido e senti que era ele. Vivia ainda naquele mundo do País das Maravilhas, sem ter nem querer ter muito contato com a realidade da vida. Meu marido dizia que eu parecia o Peter Pan. Comecei a me deparar com a realidade depois de ter filhos. Até os 30 anos, eu só me preocupava com o lugar em que iria aos finais de semana, com a viagem que faria e com as roupas que vestiria. Não queria grandes responsabilidades. Ser mãe, aos 33, foi um marco para mim. Comecei a cair na real, sentia que não era mais só, que agora existia o "nós". Tive muitas dificuldades em me adaptar a isso. Hoje, analiso que passei um bom tempo muito ausente, sem estar presente de verdade nos meus vínculos com meus filhos. Esses vínculos eram superficiais e eu me sentia privada da minha vida antiga. Desejava muito que eles crescessem logo para eu voltar a ter a vida que tinha antes. Acho que foi aí que comecei a ter DEPRESSÃO. Os anos foram passando, no automático, e procurei aumentar minha hiperatividade. Continuava exageradamente forte e apressada em todas as áreas de minha vida. Adquiri mais sintomas: GASTRITE e início de PÂNICO. Em minha defesa mental de DEFLEXÃO, continuei muito sociável. Vivia sempre em grupos, não sabia estar comigo mesma. Não olhava para dentro, não *vivia tanto o presente. Achava bonito, prático e objetivo esse meu jeito. E a minha* SOLIDÃO *só aumentava. O lado prático e objetivo sempre me encantava mais que o dos sentimentos. Não entrava em contato com as minhas emoções nem com as das pessoas que me rodeavam. Nas apresentações da escola dos meus meninos, eu era a única mãe que não chorava e eu achava isso lindo. Vivia no automático (*NÃO SINTA*), me distanciei do meu marido e coloquei nosso casamento em risco. Meu marido também tem o roteiro de vida solidão, mas não tem consciência disso, de forma que ele também se ausenta de todos, é egoísta com seu tempo e tem dificuldades com vínculos e doação. Ainda me sinto muito perseguidora e crítica em relação ao meu marido e à minha mãe. Tenho total consciência disso e desejo muito mudar. Quando ajo assim com eles, me sinto mal, triste e solitária. Nossas famílias e nossos pais são todos assim e não evoluíram em nada até hoje. Somos um casal com muita tendência à solidão e a vínculos fracos. Temos tendência a nos distanciarmos, com cada um vivendo sua própria vida. Isso atrapalha nosso casamento, pois me sinto muito sozinha e sobrecarregada em muitos momentos. A intimidade também fica bem prejudicada. Hoje, diria que essas são as grandes questões a serem resolvidas na minha vida. – Yasmin, 39 anos, advogada.*

Qual foi sua impressão do depoimento da Yasmin? Durante a leitura, é possível perceber pelos destaques em letras maiúsculas que, para cumprir com seu tema principal ou roteiro de vida, Yasmin precisou passar por todos os temas de sua Fórmula Psíquica até consolidar essa meta auto-imposta de solidão. Todos os temas serviram de ferramentas mentais que ela utilizou no cumprimento desse roteiro de vida. Note o quanto ela trabalhou, do ponto de vista mental, contra ela mesma, causando muita dor psíquica, reforçando as vivências ruins da infância e rumando para um lugar do qual sempre teve muito medo de ir, justamente a solidão.

Você já tem muitos elementos para ajudar na construção de sua própria História de Vida cumprindo com sua decisão inconsciente de tema de vida, que, até o momento, é desfavorável a você. Lembre-se de que estamos num processo de construção de cura e mudança interior que passa pela releitura e ressignificação de suas dores.

Agora é sua vez. Então, deixe que sua Inteligência Curativa aja dentro de suas funções reguladoras e comece seus diálogos interiores dando vida às palavras e aos pensamentos que surgirem. Pegue seu Diário e não se preocupe com a forma, apenas escreva. Pense no quanto será reparador e protetor "mandar" essa carta para você mesmo. Deixe que seu amor-próprio guie suas mãos e sua mente. Permita-se abarcar suas dualidades positivas e negativas – acertos e erros, força e fragilidade, adoecimento e cura –, harmonizando sua totalidade e criando espaços interiores para libertação. Tudo o que vier disso pertence apenas a você. Cuide muito desse resultado, com carinho e proteção. Você merece esse cuidado. Comece aprendendo a se perdoar, pois a imperfeição é parte da natureza humana.

O roteiro de minha História de Vida, cumprindo com minha decisão inconsciente:

Capítulo 09

inteligência curativa

SEARA DA CURA

Perceba que só existe cura por meio da aquisição de consciência. Somente o autoconhecimento afrouxa os nós de tensão e dor, aliviando e libertando todas as amarras do passado. Esse processo é sempre impactante e esse impacto nos faz perceber que não estamos sós. Existem muitas pessoas que passam pelos mesmos desafios, nós apenas ainda não aprendemos a dividir isso. Cuide muito desses presentes que você está se dando. Absorva e guarde em seu coração e alma as lições de humanidade.

Sigamos no mantra:

FOCO, AÇÃO e CURA JÁ!

CAPÍTULO 10

FÓRMULA PSÍQUICA – TEMA VI

Os principais sintomas que você desenvolveu

> Dor psíquica não conscientizada pode ser transformada em dor somatizada.

Se a Fórmula Psíquica é a somatória de influências que determinam seu modo de estar no mundo, desviando sua trajetória do curso que seria mais autêntico, arrastando-o para a caudalosa corrente do que o meio social espera de você, é praticamente inevitável que, cedo ou tarde, os descontentamentos e as infelicidades que se acumulam nesse caminho se expressem de alguma forma. Então, esse é o momento de falarmos dos sintomas como consequências dessa desconexão que ocorre conosco e se manifestam na mente e no organismo.

Antes, é preciso dizer que esses sintomas são identificados tendo como referência as descrições de um documento usado no mundo por profissionais da saúde mental. Trata-se do DSM-5, um manual de diagnósticos publicado pela Associação Norte-americana de Psiquiatria. Na prática, é o que, atualmente, dá base para sabermos o que é ou não doença mental entre humanos.

Apesar de tomarmos o manual internacional como ponto de partida, nossa postura aqui não é propor clinicamente o tratamento dos sintomas encarando-os como transtornos mentais.

Aqui, os sintomas são vistos e trabalhados mais como sinais e grandes mestres, que denunciam a desarmonia nessa instância imaterial de nosso Ser que chamamos de consciência.

> O resultado é que trabalhamos seus sintomas descobrindo seus significados e alcançando suas origens, sua história, tornando-os, assim, aliados da sua cura.

Portanto, não iremos tratar dos sintomas e eliminá-los, mas sim examiná-los com muito cuidado, a fim de descobrir para onde apontam – e, geralmente, indicam aqueles lugares dentro de nós mesmos, proibidos e defendidos arduamente por ainda não estarmos em condições de enfrentá-los. Vamos analisar cada um dos SINTOMAS a seguir, para alimentar sua Inteligência Curativa com novos conteúdos, que funcionem como grandes indicadores e mestres dos melhores caminhos, para impulsionar os fatores de cura das dores de sua História de Vida.

1. DEPRESSÃO
2. ESTRESSE
3. ANSIEDADE
4. TRANSTORNO OBSESSIVO-COMPULSIVO (TOC)
5. FOBIAS
6. PÂNICO
7. SOMATIZAÇÃO

Preste muita atenção, pois estamos cada vez mais inseridos nas zonas proibidas da sua mente. Essa fase do processo pode gerar perturbações e ameaças internas, com reações de fuga, desistência e falta de energia. Se esse quadro se apresentar para você agora, lembre-se de que estamos construindo, juntos, o grande antídoto para o enfrentamento das suas prisões interiores, para a expansão de sua consciência. É ela que indicará todos os caminhos para a libertação e o alívio do peso de todas essas amarras.

1 – Depressão

Como já vimos, temos a tristeza como uma das cinco emoções naturais e que pode ser sentida como um estado emocional normal e transitório – e até mesmo necessário. Quem nunca lidou com perdas, lutos, fracassos, desencontros e com a impressão de que a vida não faz sentido? Sempre foi assim na história humana. Mas, nos dias de hoje, nos deparamos com um cenário de verdadeira praga emocional. Há muitos anos, a OMS divulga relatórios que alertam para o crescimento da depressão em todo o mundo nessas duas primeiras décadas do século XXI, trazendo um dado assustador: até 2030, a depressão será a doença, entre todas, que mais perdas vai provocar para a humanidade.

> Na depressão, a oscilação de estados de ânimo pode ser sentida por meio de angústia e desespero ou de sentimentos mais contraproducentes, como inferioridade, perseguição, exclusão, culpa, e até mesmo por uma irremediável negatividade, quando o mundo e a vida passam a ser encarados como inviáveis.

É importante saber identificar esses sintomas. Eles nos ajudam a desconfiar e questionar o que está acontecendo, mas é preciso muita cautela e fazer essa busca acompanhado de um ESPECIALISTA, para não tomar atitudes precipitadas e piorar a situação, como, por exemplo, automedicar-se.

Estes são alguns sintomas possíveis:

- Sofrimentos intensos, com humor deprimido na maior parte do dia;
- Perda de interesse pela vida ou prazer em todas ou quase todas as atividades;
- Empobrecimento afetivo;
- Pouca vitalidade, com perda ou ganho de peso significativo;
- Sentimentos de impotência e derrota;
- Confusão mental;
- Dificuldades de concentração e redução da capacidade de raciocínio;
- Insônia ou hipersonia (sonolência excessiva) quase todos os dias;
- Dificuldade para acordar;
- Dificuldade para realizar as atividades cotidianas;
- Falta de apetite;
- Fadiga;
- Diminuição da libido;
- Negatividade crônica frente à vida, com sentimentos de inutilidade;
- Sentimentos de menos-valia e desesperança;
- Culpa excessiva;
- Recorrência de pensamentos sobre doenças e morte.

A incidência desses sintomas pode variar de uma pessoa para outra, assim como a periodicidade das ocorrências. Além disso, os sintomas não se manifestam todos simultaneamente. Se cinco ou mais desses sintomas estiverem presentes durante o mesmo período de tempo, vale a pena procurar um especialista. O significado de cada um é único e pessoal, mas sabemos que os sintomas nos conduzem sempre aos pontos de origem em sua História de Vida.

É preciso reforçar sua Inteligência Curativa para que você compreenda melhor o significado dos seus sintomas e consiga conectá-los a cada tema de sua Fórmula Psíquica. Para isso, use os relatos que foram lidos e também os que você escreveu. Procure fazer associações desse tipo: como a confusão mental pode estar ligada ao seu grande NÃO PENSE ou a culpa pode estar ligada ao seu grande NÃO SINTA. Assim, você dá um grande passo para aprender a ouvir os gritos de dor da "criança ferida" lá no passado, pois promover o diálogo interior com essa criança e sua trajetória que se estende até os dias de hoje é um grande fator libertador.

Agora, pare um pouco a leitura e reflita seriamente sobre a presença desses sintomas da depressão em sua vida. Procure observar como você os percebe e como pode relacioná-los aos temas de sua Fórmula Psíquica. Não deixe de fazer anotações.

2 – Estresse

A marca registrada da era digital traduz-se na migração do SER para o TER. Ao longo da nossa existência, nós estamos sendo cada vez mais impelidos a empreender uma jornada desumana para alcançar cada vez mais metas quantitativas. A partir disso, somos colocados em rota de colisão com nossos instintos, de forma quase letal, quando esses mesmos instintos deveriam estar funcionando como sensores naturais de autopreservação.

Nas jornadas à procura de alimentos e conquista de território, nossos ancestrais já conheciam o estresse, cuja função é deflagrar um estado de alerta no organismo, preparando-o para situações de luta pela sobrevivência. Além disso, é o estresse que nos prepara para desafios e perigos, com chance até de embate físico, quando precisamos escolher se atacamos ou recuamos diante de determinada situação. No entanto, o que acontece nos dias de hoje é que o nosso estilo de vida contemporâneo nos expõe demasiadamente, sem trégua ou descanso. Sofremos, por exemplo, com a pressão pelo sucesso financeiro, com o medo da violência urbana ou doméstica, com as instabilidades políticas, com uma pandemia como a que vivemos com a Covid-19.

> As pressões em excesso nos prendem em uma armadilha que obriga nosso organismo a reagir diariamente, como se estivesse constantemente exposto a perigos e riscos de morte. Ou seja, ainda que em ambientes aparentemente seguros, experimentamos sentimentos semelhantes aos "do tempo das cavernas". A diferença é que os nossos "inimigos" atuais são menos visíveis.

Com esse estilo de vida que nos adoece psiquicamente, nosso organismo fica impregnado de hormônios como adrenalina e cortisol. A respiração desregula e o coração dispara. Essas são algumas das consequências do estresse:

- Diminuição da libido;
- Predisposição a impotência e distúrbios menstruais;
- Aumento do colesterol;
- Aumento da pressão arterial;
- Aumento dos riscos de infarto e derrame;
- Desencadeamento do diabetes;
- Surgimento de úlceras estomacais (pela elevação dos níveis de ácido clorídrico);
- Asma e alergias;
- Náuseas, má digestão e problemas gástricos;
- Queda na produtividade;
- Baixa na imunidade;
- Cansaço ou esgotamento físico e mental;
- Dificuldades de concentração e falhas na memória;
- Irritabilidade e insônia;

- Queda de cabelos;
- Dores de cabeça.

Como o estresse se manifesta diariamente, precisamos estar sempre atentos a como fomentamos seu lado mais ameaçador. Considerando que não se trata de uma doença, mas de um sintoma, não há cura para o estresse. Então, a solução DE COMO lidar com esse sintoma está no controle permanente do nosso estilo de vida, principalmente no que diz respeito aos excessos de trabalho, experiências, demandas, consumo e críticas estimulados pelo nosso tempo. Portanto, pensar o estresse como uma presença constante é uma estratégia para dar mais atenção aos nossos próprios limites pessoais e resgatar uma autonomia de vida, recuperando nosso Poder Pessoal.

Agora, interrompa sua leitura para refletir sobre como você convive com o ESTRESSE em seu cotidiano, sobre os SINTOMAS mais presentes na sua rotina e sobre como você pode relacionar o estresse aos temas de sua Fórmula Psíquica.

3 – Ansiedade

A ansiedade é a resposta a circunstâncias que exigem esforço incomum das pessoas. Quando perdemos a confiança na nossa capacidade natural de adaptação e de reação aos estímulos externos do meio, é ela que se manifesta, e não somente em um ou outro evento específico, pois a própria Fórmula Psíquica traz esse sintoma. E isso significa que para muita gente a ansiedade se torna uma companhia desagradável presente quase o tempo todo.

Eu poderia resumir a ansiedade a uma expectativa desagradável com uma alta dose de opressão, dizendo que ser ansioso em maior ou menor grau de intensidade pode ser eventual ou um traço de nossa personalidade. No entanto, a ansiedade tende a aumentar quando somos frequentemente expostos a situações que evocam perigo ou angústia e nos faz perder a confiança de que poderemos enfrentá-las.

Quem nunca ficou ansioso diante de um impasse, de uma tomada de decisão importante, antes de um exame, quando precisou falar em público ou antes de uma entrevista de emprego? Quem não se sentiu ansioso diante de algo novo, inusitado?

Podemos reconhecer quando estamos ansiosos pelas sensações psíquicas, tais como:

- Tensão;
- Mal-estar;
- Inquietação;
- Temor difuso;
- Irritabilidade ou a sensação de estar com os nervos à flor da pele;
- Apreensão, com dificuldade para controlar a preocupação e o pensamento.

Normalmente, essas sensações podem ser acompanhadas por manifestações físicas como:

- Palpitações;
- Taquicardia;
- Respiração ofegante;
- Boca seca;
- Pele pálida;
- Tremores generalizados ou nas extremidades (mão, pernas ou pés);
- Repetição de movimentos agitados (perna balançando embaixo da mesa);
- Aumento da concentração de adrenalina no sangue;
- Aumento da pressão arterial;
- Tensão muscular;
- Alterações no sono (insônia);
- Alterações na alimentação;
- Fadiga.

Essas sensações e manifestações associadas também são causa de ESTRESSE físico e emocional. O estresse é mais uma forma de sua criança ferida tentar se comunicar com você. Uma comunicação que pretende ser um grito de alerta que denuncia que algo está errado.

Agora, pare um pouco a leitura para refletir sobre como a ansiedade está presente em sua vida e sobre quais são os sintomas mais recorrentes no seu dia a dia. Vincule a ANSIEDADE aos temas da sua Fórmula Psíquica, usando os relatos que você leu e também os que você escreveu sobre si. Seu Diário é seu grande amigo nesse momento, é quem possibilitará que você faça suas conexões.

4 – Transtorno Obsessivo--Compulsivo (TOC)

O TOC se instala quando nossa vontade está aprisionada por um ciclo vicioso, quando está fora do controle de nossa consciência. As OBSESSÕES e COMPULSÕES também entram no rol das formas comuns de expressão da ansiedade. O TOC se caracteriza por uma invasão de pensamentos e medos irracionais, incômodos e indesejáveis, que podem ser atenuados por rituais comportamentais repetitivos e exaustivos. Os rituais têm a função de aliviar momentaneamente a ANSIEDADE provocada por essas ideias perturbadoras. E o medo primário, ou ansiedade, pode ser causado por um objeto ou uma situação que provoque pensamentos obsessivos.

É como se você pudesse trocar de problema, passando a lidar com um que você possa suportar (essa é uma falsa crença), por exemplo, quando você desloca a ansiedade e o medo de seus reais problemas para realizar alguma tarefa ritualística, como um tique nervoso, um estalar de dedos, piscar repetidas vezes ou fechar e abrir uma porta muitas vezes. Esses rituais e ideias obsessivas são acompanhados por um mecanismo de defesa da mente chamado FIXAÇÃO, que se caracteriza pelo deslocamento intenso da atenção para um ponto específico do nosso entorno, como uma pessoa, uma ideia ou um objeto. Nesse contexto, o Eu Interior deixa de existir pela falta de conexão com ele mesmo e pelo deslocamento da nossa capacidade de estabelecer vínculos. As apresentações mentais e físicas desse quadro são similares aos da ansiedade e do estresse.

Observe como o mecanismo da nossa mente é elaborado, pois monta uma armadilha quase perfeita: desvia o foco de si mesmo e desloca toda sua atenção para fora. Assim, você perde totalmente a referência das origens dos seus reais problemas.

Algumas apresentações sintomáticas do TOC:

- Comportamentos ritualísticos;
- Repetição de movimentos e palavras;
- Comportamento acumulativo;
- Hipervigilância;
- Agitação;
- Obsessões sexuais;
- Pensamento acelerado;
- Repetição incessante de pensamentos;
- Pesadelos de repetição.

O que pode tirá-lo de uma bolha como essa é sua conscientização deste processo. Esse é um caminho a ser percorrido e você está nele por meio da sua Inteligência Curativa, que contribui de forma eficiente na sua busca para a diminuição desses sintomas.

Neste momento, pare um pouco a leitura e verifique se você convive com obsessões. Se achar que sim, tente associar seus sintomas aos temas de sua Fórmula Psíquica. Aproveite para fazer anotações.

5 – FOBiaS

Se o meio nos ataca, ora a partir de nosso núcleo familiar, ora no ambiente de trabalho e social, como viemos falando até aqui, então uma das reações mais automáticas e naturais que podemos ter é sentir medo. Afinal, quantas vezes você já não escutou que o medo é necessário para preservar nossa vida? Mas o medo vira um problema sério quando se transmuta em fobias e pânico.

As fobias se diferenciam do medo natural por não terem causa objetiva nem base na realidade. Além disso, as fobias potencializam os efeitos do medo, causando perturbações aos sentidos e superdimensionando o significado das coisas. A pressão interna causada pelo grandes NÃOs que recebemos age de forma repetitiva e intensa ao longo da nossa vida, aumentando nossa carga natural de temores. Então, o que era uma emoção natural se degenera em estados emocionais que atingem ápices insuportáveis de tensão.

As fobias, assim como as compulsões e o pânico, são as formas mais comuns de expressão da ansiedade. Suas manifestações são diversas. Eis as mais específicas:

- Medo de altura;
- Medo de animais;
- Medo da escuridão;
- Medo de água;
- Medo de lugares fechados;
- Medo de tempestades;
- Medo de dirigir;
- Medo de hospitais;
- Medo de agulhas.

E ainda podem apresentar-se como medo social:

- de pessoas;
- de falar em público;
- de multidões;
- de filas;
- de espaços abertos.

As fobias não aparecem sozinhas e também estão relacionadas a quadros de angústia, ansiedade e depressão. Esses quadros são reflexos da doença da civilização e da contemporaneidade, que acometem duas vezes mais as mulheres que os homens. Os ataques fóbicos podem ser limitantes e até incapacitantes, chegando a inviabilizar as atividades diárias. Todas essas fobias descritas são formas diaceradas de apresentação de nossas dores psíquicas. São os medos desviados dos ataques que sofremos em nosso psiquismo pelos estímulos do meio, que são predadores do nosso Eu Interior.

Agora, faça uma pausa para reflexão. Procure perceber como as fobias estão presentes em sua vida e como você lida com elas. Faça uma ligação entre suas fobias e os temas de sua Fórmula Psíquica. Não se esqueça de realizar a leitura dos relatos e também o que você escreveu até aqui.

6 – Pânico

O pânico é também conhecido como a "Síndrome do Novo Milênio" porque o nosso estilo de vida na era digital provoca uma reação quase permanente de estresse. O excesso de estímulos – de informações, de atribuições, de exigências – nos remete às camadas mais profundas de reações defensivas e nos coloca em um jogo de competição selvagem que nos assola. Esses estímulos que nos agridem e ameaçam, juntamente com as pressões internas, fazem com que sintamos que estamos no limite, na beira de um precipício.

O pânico é uma das experiências mais avassaladoras que alguém pode experimentar. Começa sem aviso prévio e seus sintomas são similares aos de uma morte iminente. Pode se dar a partir de um estado calmo ou de um estado ansioso. Essa vivência se caracteriza por um pico de ansiedade repentina e de breve duração, no máximo uma hora. Podemos pensar que é uma vivência curta, mas é muito poderosa.

Assim são os sintomas de um ataque de pânico:

- Coração acelerado, com palpitações ou taquicardia;
- Respiração quase impossível;
- Tremores pelo corpo ou abalos e tensão máxima muscular;
- Sudorese intensa, calafrios ou onda de calor;
- Boca muito seca;
- Aumento da pressão sanguínea;
- Dores no estômago;
- Sensação de tontura, instabilidade, vertigem ou desmaio;
- Sufocação, sensação de asfixia;
- Dor ou desconforto torácico;
- Náusea ou desconforto abdominal;
- Medo de perder o controle ou "enlouquecer";
- Medo de morrer;
- Desrealização (sensação de irrealidade);
- Despersonalização (sensação de estar distanciado de si mesmo).

Todos esses sintomas são parecidos aos de um infarto. Algumas pessoas ficam incapacitadas de sair de casa ou de realizar tarefas corriqueiras. Paralisam. O pânico também está associado aos quadros de ansiedade, angústia e depressão.

Mas não se esqueça: o pânico não é o seu problema original. É apenas um sintoma, produto de uma fuga, de um desvio produzido pela mente. Procure não se perder pensando agora que esse é seu problema real. O pânico é uma consequência de todos os desvios criados por sua Fórmula Psíquica, por sua História de Vida escrita por outras pessoas.

Diante desse esclarecimento, pense se você já teve um ataque de pânico. Se sim, faça anotações sobre a época, como estava vivendo, tanto na vida pessoal quanto profissional. O que é preciso aqui é trabalhar sempre na busca do significado dos sintomas. Somente com essa releitura e ressignificação poderemos caminhar para o afrouxamento dos laços sufocantes e abrandamento de suas dores e assim iniciar o caminho de sua cura.

7 – Somatização

Quando a harmonia existente na nossa consciência é perturbada, dor e sofrimento buscam caminhos de expressão e concretização. Então, o corpo se torna o veículo para a concretização dessa desarmonia. Portanto, as SOMATIZAÇÕES são nossas dores psíquicas que, não cabendo mais em nossa mente, expandem-se para o corpo.

Sabemos que a linha que separa mente e corpo é tênue, pois a interação mente-corpo está presente em todos os acontecimentos de nossa vida, o tempo todo. Determinamos no corpo o chamado "órgão de choque", que, de forma disfuncional, receberá toda a carga de energia e de dor do nosso psiquismo em desarmonia, mesmo que contra a nossa vontade. Essa é uma forma radical de desfocar a origem dos nossos conflitos. Toda a nossa atenção passa para o sintoma, concretizado nessa parte do nosso corpo que passa de fato a estar doente.

Hoje, já é reconhecido pela ciência que algumas doenças se caracterizam pela origem psicossomática. Veja uma breve lista delas:

- Alergias diversas, amigdalites, edemas e irritações;
- Doenças de pele, como manchas, coceiras, urticárias, irritações, bolhas, herpes;
- Dor, queimação e dificuldade para urinar;
- Dores de cabeça, enxaquecas, distúrbios visuais, alteração no equilíbrio, comprometimento da motricidade;
- Gastrite, ânsia de vômito, diarreia;
- Úlcera estomacal, constipação, dor e queimação no esôfago;
- Apneia do sono, falta de ar;
- Fibromialgia, dore musculares, dores ósseas, rigidez nas articulações e contraturas;

- Distúrbios alimentares, como obesidade, bulimia e anorexia;
- Falta de ar, sensação de sufocamento;
- Doenças do coração, palpitações e descontrole da pressão arterial;
- Doenças da sexualidade, como compulsões sexuais, impotência, redução do desejo sexual, inflamações e coceiras recorrentes.

O deslocamento das nossas energias psíquicas em desarmonia para o corpo reflete as dores que se originaram em nossa História de Vida. É primordial buscar nela toda a compreensão da origem desses sintomas.

Pare por um momento a leitura e reflita sobre quais desses sintomas psicossomáticos estão presentes em sua vida e sobre como você se relaciona com eles. Faça uma associação entre eles e os temas de sua Fórmula Psíquica. Por exemplo: Distúrbios alimentares com comportamentos que você não pode deixar de repetir ou compulsões.

PLANO DE AÇÃO E CURA
COM AUTOANÁLISE E AUTODIAGNÓSTICO

PRIMEIRA AÇÃO – REFLEXÃO

São muitos os conteúdos durante nossa Jornada de Autoconhecimento – Fórmula Psíquica. Mas as listas e anotações, além dos textos no seu Diário, ajudam a organizar tudo. Sua Inteligência Curativa está repleta de alimento positivo para ser usado em seu benefício. Estamos no terreno das consequências de todo o peso do determinismo do meio na sua vida. As disfunções danosas estão adoecendo sua mente e seu corpo, e suas dores estão expostas para que você possa acolhê-las com consciência e amor compassivo. Abarque amorosamente esses lugares que precisam de sua presença com Poder Pessoal e não se abandone. Cuide das suas chagas com carinho e amor.

Faça agora uma lista de todos os sintomas que estão presentes em sua História de Vida até agora e indique a incidência deles com (**L**) para leve, (**M**) para moderada, (**F**) para forte ou (**I**) para intensa:

1. _____.( )
2. _____.( )
3. _____.( )
4. _____.( )
5. _____.( )

SEGUNDA AÇÃO – DIÁRIO

Antes de partir para a escrita do seu Diário, veja este relato real, de alguém que acompanhei a trajetória de autoconhecimento e cura. O outro é espelho também e as vivências das pessoas nos ajudam a fazer uma conexão mais assertiva entre seus sintomas e sua Fórmula Psíquica.

Passei a maior parte da minha vida perseguindo tudo aquilo que acreditava ser eu mesma. Criei minhas máscaras. Confundi-me com elas. Criei situações, mundos e pessoas além de mim mesma irreais. Construí minha Fórmula Mental para funcionar e ser eficiente nisto, de não ser eu mesma. Carreguei o peso do mundo nas costas achando que poderia dar um jeito. Gastei tempo da minha vida. Gastei energia de vida que não tinha. Fabriquei do nada. Fiquei amarrada e presa por toda uma vida em minhas próprias criações para ser uma mísera sobrevivente. Sem direito a ser eu mesma. Eu nem sabia o que era isso, na verdade. A escuridão esteve em minha mente por tanto tempo! Amealhei admiração de todos. Ganhei espaço de respeito e reconhecimento apenas pelo que sempre fiz pelos outros, e fiz muito bem. Exemplarmente. Agradecimentos a um certo, um tal chamado amor condicional. Se é que se pode chamar esse estado de coisa de amor. Consegui inclusão no meu grupo familiar e carrego o peso para manter isso até agora. Olhando para tudo isso, hoje consigo dimensionar o prazer intenso que tinha em conseguir esses grandes feitos. Cumpri com todos os planos. Persegui todos eles como um norte em minha vida desde sempre. Parecia que me davam poder e sentido de vida. Depois de algum tempo, minhas forças para dar prosseguimento a tudo isso acabaram e minha vida, não. Crise e desespero para todos os lados. Experimentei muita ansiedade, períodos de depressão por vivências de luto, frustrações, separações, perdas materiais e decepções inerentes à vida adulta. Desde criança meu órgão de choque está nas vias aéreas superiores, com amigdalites e rinites recorrentes. Posteriormente, vieram os sintomas gástricos: refluxo e queimação. Claro que a insônia também fez parte desses quadros. Como a vitoriosa que cumpriu com todos os planos que tinham feito para ela (e que depois ela mesma os aumentou em dimensões e números) não tinha mais para onde ir? Sem forças e sem vida, fiquei anos num estado de acomodação nessa condição de sobrevivente. Não sabendo fazer nada de diferente, não aprendi nem me ensinaram. Não tenho referências à minha volta. Se tiver saída, terei que lutar muito por ela. Hoje, sei de tudo isto. Minha maior conquista. Estou na pista para uma nova vida. Já recomecei algumas vezes, todas elas com grandes aprendizados. Esta será a maior delas, pois me resgatei e conquistei uma grande parte de minha totalidade. – Elizabeth, 36 anos, psicopedagoga.

Agora, finalmente, o encontro com o mapa do retorno a você: sua Fórmula Psíquica na íntegra. É um passo importantíssimo na sua Jornada de Autoconhecimento. A visualização e o preenchimento cuidadoso do quadro, com os seis temas da fórmula, darão a você uma ideia geral e contextualizada de sua estrutura mental. Esse é o autodiagnóstico mais potente, eficiente, inovador e diferenciado que já esteve ao seu alcance até agora. Você tem todos os dados em mãos para realizá-lo.

Veja agora o exemplo preenchido pela Yasmin.

FÓRMULA PSÍQUICA
A PROGRAMAÇÃO DA SUA MÁQUINA MENTAL EM SEIS TEMAS

OS NÃOS QUE A VIDA LHE IMPÔS	SUAS DEFESAS DE AUTOPROTEÇÃO E SOBREVIVÊNCIA	OS COMPORTAMENTOS QUE VOCÊ NÃO CONSEGUE DEIXAR DE REPETIR	OS PAPÉIS BÁSICOS QUE VOCÊ DESEMPENHA EM SUA VIDA	AS DECISÕES QUE DETERMINARAM SUA HISTÓRIA DE VIDA	OS SINTOMAS QUE VOCÊ DESENVOLVEU
* Não sinta * Não se expresse	* Negação * Deflexão	* Hiperatividade * Rebeldia * Compulsão por compras	* Perseguidora	* Solidão e certa loucura	* Ansiedade * Depressão * Pânico * Gastrite * Prisão de ventre

Retorne aos conteúdos de autodiagnóstico das primeiras ações dos seis capítulos anteriores e consulte-os. Se achar que deve, altere-os. Sua consciência tende a estar cada vez mais afinada, confie nisso. Você verá surgir um quadro claro, um verdadeiro mapa de retorno a você mesmo. Vamos lá:

FÓRMULA PSÍQUICA
A PROGRAMAÇÃO DA SUA MÁQUINA MENTAL EM SEIS TEMAS

OS NÃOS QUE A VIDA LHE IMPÔS	SUAS DEFESAS DE AUTOPROTEÇÃO E SOBREVIVÊNCIA	OS COMPORTAMENTOS QUE VOCÊ NÃO CONSEGUE DEIXAR DE REPETIR	OS PAPÉIS BÁSICOS QUE VOCÊ DESEMPENHA EM SUA VIDA	AS DECISÕES QUE DETERMINARAM SUA HISTÓRIA DE VIDA	OS SINTOMAS QUE VOCÊ DESENVOLVEU

Com a Fórmula Psíquica preenchida, veja como fica mais fácil visualizar por onde você passa todos os dias. Como você gasta seu tempo e sua energia vital. É hora de usar sua consciência e se perguntar como sair desse emaranhado o mais rápido possível.

Use esses dados para realizar sua tarefa de contato e diálogo com suas dores. A releitura e a busca dos significados são movimentos únicos de resgate de sua completude e saúde. Dialogue com cada tema e sintoma e busque suas origens na sua História de Vida, mesmo nas lembranças mais difíceis. Revele em sua totalidade esses caminhos de dor que você percorreu. Esse enfrentamento esvaziará as tensões, diminuindo gradualmente a intensidade e a permanência dos sintomas em sua vida. Agora, vá ao seu Diário.

Como vivencio meus sintomas?

Capítulo 10

SEARA DA CURA

Você obteve uma grande conquista caminhando até aqui. Vivenciou um grande acontecimento psíquico e fenômeno interior. Desbravou seu inconsciente, andou por seus lugares mais inóspitos e desconhecidos. Recuperou terrenos internos que estavam vazios, necessitando da sua presença. Aprendeu a se reconectar consigo, a se escutar e a escrever de forma curativa sobre você e para você. E, sem dúvida, passou por grandes enfrentamentos. Você quebrou sua Fórmula Psíquica com a aquisição de consciência sobre sua existência e seu funcionamento. Você agora sabe de onde veio, saiu do status de apenas sobrevivente para ser dono de sua própria vida. Você acordou sua Inteligência Curativa. Perceba quem você era antes e quem você é agora, depois da Jornada de Autoconhecimento – Fórmula Psíquica.

Mas saiba que ainda não acabou. Esta é uma tarefa para toda uma vida. Sempre há novos caminhos, novos portais, mais e mais capítulos da sua existência, agora com a potência de serem escritos predominantemente por você, indicando a grandeza ilimitada da vida, agora ao seu alcance.

Nos capítulos finais vamos apresentar a conquista da vida real de pessoas que, nesta Seara da Cura, alcançaram a liberdade interior para reescrever sua verdadeira História de Vida. Em um processo curativo de identificação, você terá um espelho do que poderá executar em sua própria vida.

Felicitações caminhando sempre em frente com seu mantra:

FOCO, AÇÃO E CURA JÁ!

Tudo isso jamais será em vão. Esse é seu maior patrimônio e tesouro conquistado. Você será muito recompensado por todo o esforço empreendido em prol de si. Você realizou o bom combate em sua vida. Esse é seu maior legado.

CAPÍTULO 11
REESCREVENDO SUA VERDADEIRA HISTÓRIA DE VIDA: A CURA EM 5Rs

> O autoconhecimento é decorrência de um processo evolutivo consciente, que conduz à harmonia, ao equilíbrio, à liberdade e à saúde mental e física.

Agora sim você pode mudar a chave do tipo tetra, cheia de pontas e reentrâncias, para uma chave comum, do tipo antigo, que dá acesso a mais suavidades que dores. Não fui eu que lhe entreguei essa outra chave, foi você que a conquistou. A caixa de sua criança ferida já foi aberta e você passou a examinar seu conteúdo com curiosidade de cientista: espalhando na mesa, separando as partes, jogando fora o que não presta. Aqui está um dos grandes e verdadeiros ganhos de sua vida: a liberdade interior conquistada. Liberdade soa muito bem no sentido de nos conduzir finalmente para uma escolha baseada nos nossos mais profundos desejos, na realização de sonhos íntimos. Poder habitar nossas profundezas, confiar num grande princípio ordenador e criador que existe em nossa interioridade e atender a todas as solicitações advindas de nossas inquietudes é, de fato, muito libertador.

Essa liberdade favorecerá um processo único que, de acordo com minha experiência – tantos e tantos testemunhos de cura e alívio –, batizei com uma sequência de letras R. Capriche na pronúncia e leia em voz alta, se puder, as seguintes palavras: RECONEXÃO, RELEITURA, RESSIGNIFICAÇÃO, REDECISÃO, REESCRITA. No seu aprendizado de conexão consigo, escrevendo de forma curativa sobre e para você, vamos anexar agora o conceito dos 5Rs para facilitar seu encontro com a felicidade:

RECONEXÃO

Você já sentiu os valiosos efeitos desse fenômeno, produzidos durante sua jornada de leitura até aqui: promover o grande encontro consigo, voltar toda sua energia vital para dentro, conversar com você, percorrer os lugares temidos de sua mente, conquistar seus espaços vazios, preencher sua totalidade, escrever sobre e para você, acessar sua Inteligência Curativa e restaurar conexões interrompidas, potencializando sua cura.

RELEITURA

Visitar seus lugares reprimidos propicia esse novo olhar revelador das dimensões temidas cujo objetivo é diminuir o tamanho dos monstros que ali habitam. Abrir o baú do seu inconsciente e passar a enxergar seu conteúdo, mesmo os cantos mais sombrios. Ler com as novas aquisições de percepção, pois os temas da Fórmula Psíquica foram ferramentas para a elaboração atualizada do seu inconsciente.

RESSIGNIFICAÇÃO

A construção de novos significados, mais realistas e menos determinados por pensamentos mágicos em torno de suas experiências de vida. Ressignificar também é construir saídas, uma libertação do ciclo vicioso das repetições sem consciência. É, portanto, criar consciência: onde havia o escuro do inconsciente, faça-se a luz!

REDECISÃO

Redecisão (decidir outra vez, mudar escolhas) é a forma mais eficiente para Reescrever sua verdadeira História de Vida. Redecidir faz parte do dinamismo da cura interior; é o olhar de quem conquistou todo seu território vivido e está escolhendo, entre os escombros e as construções positivas, o que vai permanecer no novo jeito de caminhar. Redecidir é demarcar seu novo mapa existencial; é ter a liberdade e a permissão da consciência para assumir o poder e a direção de sua nova História de Vida.

REESCRITA

Chame isso de Missão de Vida: tomar sua trajetória em suas mãos, para ser vivida fielmente à imagem e semelhança da sua essência única. A liberdade da fidelidade a si mesmo é um bem maior a ser guardado a sete chaves. Um tesouro que só a você pertence. Tomar para si a responsabilidade de ser livre para novas escolhas. Liberdade interior, expressando sua verdade como pessoa e traduzindo essas convicções em palavras que serão os bastiões de sua luta existencial para ser. Palavras que decodificarão seus referenciais como pessoa e serão parte da sua cura interior. Palavras sobre você são sagradas, acolha-as em um lugar especial dentro e fora de você.

> Fazer o que você quiser da sua própria vida é o maior de todos os atos criativos. Então, o resultado de criar e recriar nossa própria vida, como artistas, transforma-se na nossa obra-prima.

Ser criativo nesse processo de redecisão e aprender a fazer escolhas são direitos inatos de todos nós. Cada parte de sua vida é única e especial. Além disso, faz parte da nossa natureza humana criar nosso próprio e único estilo de vida. Quando escrevemos sobre nós mesmos, estamos pensando e articulando nossa mente de uma forma mais complexa e sempre inovadora. Assim, nos aproximamos de possibilidades de mudanças nas relações conosco e com os outros.

Nossas Histórias de Vida e de todas as outras pessoas nos colocam em contato com algo maior e nos ligam às nossas mais profundas potencialidades essenciais. O outro é espelho de nossa alma.

Para encaminhar bem o encerramento da nossa conversa, escolhi mais relatos de quem trilhou a Jornada de Autoconhecimento com coragem e ousadia. Pessoas que venceram seus medos e, em atos de conexão com o Eu Interior, renasceram de si mesmas pela própria luz. Recomendo também, voltar ao final do Capítulo 4 e reler a História de Vida de Yasmin, reescrita por ela.

Duas frases sempre me tocaram muito. Uma de Jung, quando afirma: "As pessoas farão qualquer coisa, não importa quão absurda, para evitar encarar suas próprias almas". A outra frase vem de James Hollis e nos alerta: "O medo de nossas profundezas é que é o inimigo". Como a maioria das pessoas, evitei o quanto pude esse encontro comigo mesma. Porém, quando a depressão bateu à porta, não houve como evitar esse mergulho. Mas como empreender uma viagem assim, aparentemente tão perigosa e tão assustadora? Como trilhar caminhos não percorridos? A resposta chegou a mim pelo conhecimento da Fórmula Psíquica. Entender meus mecanismos de defesa, minhas compulsões e a origem das minhas carências foi revelador. Com a Fórmula delineada, eu me vi detentora de uma bússola, de um mapa, que me permitiu explorar as profundezas da minha alma e entrar em contato com o tesouro que existe dentro de todos nós e que nos faz únicos. Eu realizei o meu encontro comigo mesma e me apoderei dos meus segredos, o que foi libertador, pois, como diz Hollis: "Tudo aquilo que não temos consciência nos domina". – Suzana, 52 anos, diplomata.

Eu havia passado por outras experiências, das mais diversas, com pessoas de variados níveis de preparo. De uma e outra, absorvi algum conhecimento, mas minha alma continuava ferida de morte. Eu usava todas as minhas energias para manter uma aparente sanidade física e mental. Eu estava totalmente sem energia, sem alegria de vida. Toda energia vital era canalizada para manter minhas máscaras de profissional, de boa pessoa, de bom marido, de um filho e irmão razoável. De bom marido, uma vírgula! Embora amando minha esposa, toda a minha energia sexual também estava canalizada para tentar preservar a vida. Graças à pessoa que é minha esposa, continuamos juntos e nos apoiando. Mas não adianta: queremos nos esconder de nós mesmos. No fundo, sabemos quem somos, mas está tão fundo que a consciência desconhece. Sempre que estou perdido, arrasado, uma força me puxa pela orelha, me carrega no colo e me dá uma nova chance, um grande presente. O presente foi colocar na minha vida uma nova experiência. Considerei esse presente como minha última chance. A meu ver, o diferencial da Jornada de Autoconhecimento – Fórmula Psíquica é sermos instruídos com conhecimentos básicos do funcionamento da nossa mente, trocas de experiências entre os participantes e exercícios de autoconhecimento. Executávamos de forma participativa as primeiras e segundas ações do método para ver em que aquilo nos afetava e, talvez, continuava a nos afetar, a sangrar nossa alma. Fomos conhecendo e formatando nossa Fórmula Psíquica. Descobri que fui impedido, desde criança, de expressar minhas vontades, minhas emoções, que fui impedido de crescer emocionalmente, sufocado por existir, a não confiar nas pessoas, entre outras coisas. Quer mais? Agora vêm as consequências: desenvolvi pânico em criar vínculos e tive enxaquecas constantes. A intimidade é ameaçadora, a convivência social, uma constante ameaça. Também tive problemas na memorização de aprendizagens, além de solidão, do sentimento de fracasso, da fadiga e da ansiedade. Vou parar por aqui. O conhecimento liberta. E, após preencher e dominar minha Fórmula Psíquica, consegui dar a correta dimensão a muitos desses males. Hoje, já consigo conviver socialmente com prazer, a intimidade já não me ameaça tanto, já não estou tão arredio às amizades, já não me sinto solitário, convivo bem comigo e todas as minhas dores de alma que sangravam já estão bastante curadas, me dando fôlego para uma vida prazerosa. Já consigo canalizar minhas energias para a vida que realmente estou vivendo. E me sinto muitíssimo grato. – Pedro, 49 anos, analista de sistemas.

Minha Jornada de Autoconhecimento – Fórmula Psíquica foi e está sendo transformadora. Uma mudança total na forma de me enxergar e ver a vida. A forma de lidar com as adversidades e, principalmente, a forma de amar a mim mesma. Estou me descobrindo diariamente e isso traz mudanças significativas no meu bem-estar e no meu planejamento de vida. Saber o que quero e o que não quero, assumir a responsabilidade das minhas decisões e atitudes, não criar expectativas nos outros e assumir as rédeas da minha vida me trazem tranquilidade e paz. Saber que eu tenho o compromisso comigo mesma de me fazer feliz e, assim, também ser feliz no ambiente em que vivo é libertador. Mas só consegui me tornar consciente dessas necessidades por meio do domínio de conhecimentos sobre minha mente, essencial para essa transformação. Nessa imersão, os encontros são direcionados e focados com temas relevantes, além de todo o conhecimento de conteúdos necessários para o entendimento do processo. Entender como lidamos com as emoções, como tentamos evitar o sofrimento, como usamos defesas para nos mantermos em zonas de conforto e como podemos sair de várias armadilhas e buscar o que desejamos. No meu caso, estou muito feliz em perceber a mulher em que estou me tornando. Mais plena, feliz, preenchida, confiante e viva. Estou com energia para buscar e viver o que me faz feliz. Com toda essa força, saí de um relacionamento em que eu não estava feliz. E estou trabalhando para conseguir minha estabilidade profissional, financeira e emocional. Ao mesmo tempo, vivendo o hoje! Consigo ter calma e paciência para refletir sobre o que é bom para mim e o que não é. E percebo que, quanto mais nos conhecemos, mais conseguimos equilibrar a vida ao nosso redor. Hoje, só tenho gratidão por me presentear com essa jornada tão maravilhosa que é a vida. Gratidão é o que sinto também por ter tido a oportunidade de crescer e aprender cada vez mais. – Camila, 35 anos, analista de recursos humanos.

Vamos ao seu Diário? Nesse instante, você não apenas sabe de onde vem, mas também para onde vai. No mínimo, vai se aproximar bastante de onde deseja chegar.

Capítulo 11

Minha verdadeira História de Vida, agora escrita por mim e mais ninguém.

inteligência curativa

Capítulo 11

Os Diários de todas as pessoas que atravessaram a Jornada de Autoconhecimento – Fórmula Psíquica se tornaram companhias fundamentais para elas. Em papel ou em arquivos eletrônicos, são consultados sempre que necessário – e, muitas vezes, serve como importante apoio. O mar não seguirá tranquilo o tempo inteiro pelo resto da nossa vida, ainda que você tenha encontrado remanso agora. Então, seu Diário e este livro seguirão ao seu lado, disponíveis como seus mais queridos ombros amigos. Lembre-se apenas de que você é a principal e imprescindível peça nesse bom combate em sua vida. Acenda todos os seus pontos de luz.

Ilumine-se!

CAPÍTULO 12
APRENDENDO A SER FELIZ

POR MUITOS ANOS, AS PESSOAS QUE FREQUENTARAM MINHA SALA de atendimento se depararam com um poema. Era um cartaz muito bonito, composto por Massao Ohno, uma lenda no meio editorial, e ilustrado pelo grande artista plástico brasileiro Aldemir Martins, com a reprodução da caligrafia do poeta Thiago de Mello, um dos mais populares e influentes de nossa época. O poema chama-se "A vida verdadeira".

Sou fã de Thiago de Mello. Tenho livro autografado por ele e já nos falamos pessoalmente algumas vezes. Ele é uma importante influência para mim. Se você já o conhece, deve entender esse nível de encantamento. Se não o conhece, recomendo fortemente. Ele é autor, por exemplo, do longo poema "Os estatutos do homem", que é disposto como uma carta constitucional e diz assim: "Artigo I. Fica decretado que agora vale a verdade, que agora vale a vida, e que de mãos dadas, trabalharemos todos pela vida verdadeira".

Perceba como as coisas são atreladas. Até na poesia! O verso de um poema se desdobra em outro. Pois "A vida verdadeira", que tinha pendurado na minha sala, começa assim:

> "Pois aqui está a minha vida. Pronta para ser usada. Vida que não se guarda nem se esquiva, assustada. Para servir ao que vale a pena e o preço do amor.[4]"

---

4. MELLO, Thiago, de. **Como sou**. São Paulo: Global Editora: 2013. p. 13.

Essa é a inspiração que compartilho com vocês e que compartilhava na minha sala justamente com as pessoas que estavam ali para dividir suas angústias e caminhar para a cura de suas dores. Depois de um tempo (cada um tem o seu), essas pessoas saíram com mais domínio da própria vida, que estava "pronta para ser usada".

Você já se sente assim? Ao menos acredita que está no caminho? Espero muito sinceramente que sim. Foi por isso que me lancei nessa missão de tornar livro uma parte da minha vivência como psicóloga. Dediquei a vida toda a isso, foi a minha escolha. Mas pôr tudo no papel, acredite, não foi fácil. A gente se expõe e se enxerga mais e melhor. Sim, foi o que propus a você também. Escrever, descrever e finalmente REESCREVER.

Querida leitora, querido leitor, nessa caminhada até aqui você descobriu de onde vem e REDECIDIU para onde pode ir. Os caminhos são inóspitos, mas também têm luz. Você recebeu permissões positivas para uma mudança de jornada, para ser o autor e protagonista de sua verdadeira e única História de Vida.

MINHA UTOPIA DE UM MUNDO MELHOR

Acredito que um dia a humanidade será capaz de construir um mundo onde a ética pessoal estará acima de toda e qualquer concepção de leis e diretrizes. Onde o verdadeiro respeito pelo outro em seu direito inalienável da diferença será previsto na Carta Magna de qualquer nação. Onde a violência psíquica em todas as suas dimensões será prevista num código de reeducação e evolução pessoal. Onde o direito, também inalienável, de expressão do SER em toda a sua magnitude e diferença será protegido por uma sociedade sadia constituída por indivíduos igualmente sadios.

Acredito que seremos capazes de criar processos educativos em que aprender sobre si mesmo será matéria obrigatória nas escolas, assim como matérias acerca do desenvolvimento humano, da nossa natureza humana, das nossas necessidades vitais, da nossa capacidade de aprender a nos comunicar de forma saudável enquanto seres relacionais, dos nossos passos e crises evolutivas, da prevenção de problemas e conflitos, do funcionamento da nossa mente, das nossas resistências psíquicas. Processos educativos em que, dos jardins de infância às faculdades, seremos convidados a participar de grupos de orientação e aprendizado psicológico como parte de um processo natural de educação.

> Acredito que nessa sociedade saudável será corrente o saber sobre si mesmo, acima de qualquer outro saber.

Acredito também que o conceito de liberdade passará primeiro pelo conhecimento e expressão plena da liberdade interior. Então, nesse mundo utópico será inconcebível a presença de duas das maiores tragédias da humanidade: a ignorância acerca de si mesmo e a infantilização da nossa consciência.

Sei que a palavra utopia anda desgastada. Mas aqui não se trata, como se costuma dizer, de sonhos impossíveis. Prefiro pensar em um horizonte, uma meta, um lugar onde depositamos nossas vontades mais pulsantes, para usarmos como norte no nosso caminhar. Quero dividir minha utopia com você, não simplesmente para que a tome como sua, mas para incentivá-lo a pensar e escrever sua própria utopia.

É DE SERMOS FELIZES QUE ESTAMOS TRATANDO

É possível que agora você esteja se perguntando se já se conhece melhor, se remexeu suas dores, se refletiu mesmo sobre tudo, se realmente se sente mais leve, se consegue ser feliz. Sendo coerente com nossa Jornada de Autoconhecimento – Fórmula Psíquica, afirmo que, na verdade, essas perguntas quase não terão sentido ou mesmo serão feitas. Libertar-se das amarras do determinismo psíquico do meio já vai trazer esse estado de paz, que tem muito mais a ver com felicidade do que momentos alegres, do que sorrisos e gargalhadas.

> Crie na simplicidade a sua diferença.

Ser feliz é tirar nosso Eu Interior ferido e fragilizado de detrás da porta da nossa consciência e trazê-lo para a dianteira da nossa vida, conectando-o à nossa condição real de seres humanos totais e livres. Assim, aprenderemos a não precisar de modelos, mitos, gurus, salvadores ou ditadores para nos guiar. Essa responsabilidade de ter a sua vida em suas próprias mãos é o seu segundo nascimento. Você é o seu próprio pai e sua própria mãe. Um pai bom e uma mãe boa.

> Alce seu voo. Pegue sua estrada. Mergulhe em suas profundezas. Experimente, invente, crie, inove, ouse e realize seus sonhos.

Os caminhos que podem nos levar para o nosso grande lar – que somos nós mesmos – são incalculáveis. Acredito que uma mente atenta possa tirar ensinamentos de tudo que está à sua volta, pois é na simplicidade da vida que estão os maiores aprendizados. A grande energia curativa do vínculo está na capacidade inata para o amor de que todos nós somos dotados. Vínculos amorosos são a maior fonte natural de cura psíquica e física.

> Simplesmente faça diferente o novo, e torne-se o senhor de si mesmo, a senhora de si mesma.

Apaixonar-se pelo seu Ser genuíno, seu Eu Interior, trará para a sua nova vida encantamento e esperança como essência de uma força vital imbatível. E você será amante da sua nova e verdadeira História de Vida, REESCRITA.

PASSOS FINAIS

Listei alguns passos que podem ser úteis, como uma bússola, na quebra de resistências e amarras internas para conectá-lo com essa singeleza do aprender sempre com tudo. Ser um bom aprendiz das lições que a vida nos oferta é uma arte.

- Atenda a todas as solicitações advindas das suas inquietudes;
- Deixe sua mente procurar o que você sempre sonhou, em todos os meandros e lugares novos de sua vida interior;
- Aprenda a conectar-se com você mesmo, escrevendo, cantando, tocando, pintando, dançando, sentindo, pulando e expressando-se sempre, sempre e sempre;
- Enfrente os medos instintivos que acometem a todos nessa grandiosa tarefa de vida;
- Respeite os seus limites e, ao mesmo tempo, prossiga na caminhada, mesmo que o novo e o desconhecido sejam, às vezes, aterrorizantes;
- Mergulhe nas sombras (nossos aspectos negativos, destrutivos e pouco desenvolvidos) que moram dentro do seu inconsciente.
- Leve a luz do "dar-se conta" para ampliar a percepção da totalidade do Ser, unindo sombra e luz;
- Não se recrimine! Aceite e acolha os seus limites;
- Perdoe tudo o que você fez de ruim e destrutivo para consigo, pois não era possível até então que você fizesse melhor;
- Em um ato compassivo, procure expandir a visão dos seus pais e figuras parentais importantes e prepare-se para perdoá-los. Lembre-se: eles também fazem parte desse ciclo de ancestralidade e determinismo do meio;
- Conquiste seu chão interior, como um paraíso perdido e agora resgatado, ocupado pelo seu Eu Interior;
- Sinta o gozo interior (*íntase*) do encontro libertador consigo mesmo.

- Habite suas profundezas com a liberdade de um grande conquistador;
- Avance sem metas predefinidas pela imensidão do caminho interior;
- Deixe-se levar pelas brechas da mente, pelos burburinhos e sussurros, tão inspiradores;
- Produza diálogos internos sem voz audível aos ouvidos, mas perceptível pela mente, e se entregue a introspecções solitárias;
- Sonhe muito e bem acordado;
- Sinta a plenitude desse processo analítico, solitário e único por natureza.

Se você deseja mais informações acerca dos conteúdos deste livro e de nossas atividades, entre em contato conosco:

CEM – CENTRO DE ESTUDOS DA MENTE
Telefone: (61) 98258-1814
E-mail: elianealmeidaoficial@gmail.com
Instagram: @psicologaelianedealmeida

Nosso CEM conta com
atendimentos especializados:

- Imersão Jornada de Autoconhecimento – Fórmula Psíquica – níveis I, II, III.
- Palestras.
- A história da sua vida – Você pode curar sua História de Vida.
- Jornada de Autoconhecimento – Fórmula Psíquica.
- Hotmart – Plataforma de Psicoterapia com Autodiagnóstico on-line.

Referências

ALMEIDA, Eliane de; GAYOSO, Thereza. Thematical Group Therapy – A differentiated methodology. In: CONGRESSO INTERNACIONAL DE PSICOTERAPIA DE GRUPO, 16., 2006, São Paulo. **Resumos**, São Paulo: IAGP, 2006. p. 108.

ALMEIDA, Eliane de. O stress e você. **Revista Plano Brasília**, Distrito Federal, ano 9, ed. 102, p. 56-57, out. 2011.

_____. Felicidade x Síndrome do pânico. **Revista Plano Brasília**, Distrito Federal, ano 9, ed. 105, p. 54-55, dez. 2011.

ASSOCIAÇÃO AMERICANA DE PSIQUIATRIA. **Manual diagnóstico e estatístico de transtornos mentais**. 5. ed. São Paulo: Artmed, 2013.

BERNE, Eric. **Análise transacional em psicoterapia**. 2. ed. São Paulo: Summus, 1985.

CHOPA, Deepak; FORD, Debbie; WILLIAMSON, Marianne. **O efeito sombra**: encontre o poder escondido na sua verdade. São Paulo: Texto Editores, 2010.

DA SILVEIRA, Nise. **Jung**: vida e obra. Rio de Janeiro: Paz e Terra, 1975.

DAHLKE RÜDIGER, Thorwald Dethlefsen. **A doença como caminho**: uma visão nova da cura como ponto de mutação em que um mal se deixa transformar em bem. 11. ed. São Paulo: Cultrix, 2000.

DAWKINS, Richard. **Ciência na alma**: escritos de um racionalista fervoroso. São Paulo: Companhia das Letras, 2018.

_____. **O gene egoísta**. São Paulo: Companhia das Letras, 2007.

DE SOUZA ANDRADE FILHO, Antônio; DUNNINGHAM, William Azevedo. A pandemia da depressão. **Revista Brasileira de Neurologia e Psiquiatria**,

v. 23, n. 3, p. 94-95, dez. 2019. Disponível em: https://revneuropsiq.com.br/rbnp/article/viewFile/579/198. Acesso em: 2 set. 2020.

ESTÉS, Clarissa Pinkola. **A ciranda das mulheres sábias:** ser velha enquanto jovem; jovem enquanto velha. Rio de Janeiro: Rocco, 2007.

FREUD, Anna. **O ego e os mecanismos de defesa.** Rio de Janeiro: Civilização Brasileira, 1974.

FREUD, Sigmund. **O futuro de uma ilusão:** o mal-estar na civilização. Rio de Janeiro: Imago Editora, 1974. v. XXI.

FUENTES, Daniel; MALLOY-DINIZ, Leandro F.; DE CAMARGO, Helena; COSENZA, Ramón. **Neuropsicologia:** teoria e prática. 2. ed. Porto Alegre: Artmed, 2014.

GIKOVATE, Flávio. **O mal, o bem e mais além:** egoístas, generosos e justos. São Paulo: MG. Editores, 2005.

HOLLIS, James. **A passagem do meio:** da miséria ao significado na meia-idade. São Paulo: Paulus, 1995.

HORNEY, Karen. **A personalidade neurótica de nosso tempo.** Rio de Janeiro: Civilização Brasileira, 1972.

IBGE – Instituto Brasileiro de Geografia e Estatística. **Síntese de Indicadores Sociais.** Rio de Janeiro: IBGE, 2016.

INPAD – Instituto Nacional de Políticas Públicas do Álcool e Outras Drogas. **Segundo LENAD:** Levantamento nacional de álcool e drogas. São Paulo: INPAD, 2012.

IPEA – Instituto de Pesquisa Econômica Aplicada. **Retrato das Desigualdades de Gênero e Raça – 1995 a 2015.** Brasília: Ipea, 2017.

JUNG, Carl G. **O homem e seus símbolos.** 2. ed. Rio de Janeiro: Nova Fronteira, 2008.

KERTÉSZ, Roberto. **Análise transacional ao vivo.** São Paulo: Summus, 1987.

_____. **Análisis Transaccional Integrado**. 3. ed. Buenos Aires: Editorial Ippem, 2003.

LEITE, Luiz Philipe; MINISTÉRIO DA SAÚDE. Transtornos mentais são a 3ª principal causa de afastamentos de trabalho. **Blog da Saúde**, 10 out. 2017. Disponível em: http://www.blog.saude.gov.br/index.php?option=com_content&view=article&id=52979&catid=579&Itemid=50218. Acesso em: 2 set. 2020.

MILLER, Alice. **O drama da criança bem-dotada**. 2. ed. São Paulo: Summus, 1997.

PAIM, Isaías. **Curso de psicopatologia**. 11. ed. São Paulo: Editora Pedagógica e Universitária, 1993.

PARADELLA, Rodrigo. Diferença cai em sete anos, mas mulheres ainda ganham 20,5% menos que homens. **Agência IBGE Notícias**, [S. l.], 8 mar. 2019. Estatísticas Sociais. Disponível em: https://agenciadenoticias.ibge.gov.br/agencia-noticias/2012-agencia-de-noticias/noticias/23924-diferenca-cai-em-sete-anos-mas-mulheres-ainda-ganham-20-5-menos-que-homens. Acesso em: 2 set. 2020.

PERLS, Frederick Salomon. **Gestalt-terapia explicada**. 2 ed. São Paulo: Summus, 1977.

PHELIPE, André; BARBOSA, Marina. Mulheres são responsáveis pela renda familiar em quase metade das casas. **Correio Braziliense**, Brasília, 16 fev. 2020. Economia. Disponível em: https://www.correiobraziliense.com.br/app/noticia/economia/2020/02/16/internas_economia,828387/mulheres-sao-responsaveis-pela-renda-familiar-em-quase-metade-das-casa.shtml. Acesso em: 2 set. 2020.

RIBEIRO, Jorge Ponciano. **Gestalt-terapia**: refazendo um caminho. São Paulo: Summus, 1985.

_____. **O ciclo do contato**: temas básicos na abordagem gestáltica. 2. ed. São Paulo: Summus, 1977.

ROGERS, Carl R. **Psicoterapia e consulta psicológica**. Santos: Martins Fontes, 1975.

ROSNAY, Joël de. **A sinfonia da vida**: como a genética pode levar cada um a reger seus destinos. São Paulo: Planeta do Brasil, 2019.

STAFFORD-CLARCK, David. **Manual de psiquiatría clínica**. Buenos Aires: Editorial Paidós S.A.I.C.F., 1969.

STEINER, Claude. **Os papéis que vivemos na vida**: a análise transacional de nossas interpretações cotidianas. Rio de Janeiro: Artenova, 1976.

SHINYASHIKI, Eduardo. **O poder do carisma.** São Paulo: Editora Gente, 2018.

_____. **Viva como você quer viver**: 5 passos para a realização. 18. ed. São Paulo: Editora Gente, 2004.

SHINYASHIKI, Roberto. **A carícia essencial**: uma psicologia do afeto. São Paulo: Editora Gente, 2005.

_____. **Os segredos das apresentações poderosas**. 11. ed. São Paulo: Editora Gente, 2012.

WHO – World Health Organization. **Depression and Other Common Mental Disorders:** Global Health Estimates. Genebra: WHO, 2017.

_____. **Global Status Report on Alcohol and Health 2017.** Genebra: WHO, 2017.

_____. **The Global Burden of Disease:** 2004 update. Genebra: WHO, 2008

Este livro foi impresso pela Gráfica Rettec
em papel pólen bold 70g/m² em setembro de 2020.